Heinrich Oberreuter

Stimmungsdemokratie

Heinrich Oberreuter

# Stimmungsdemokratie

Strömungen im politischen Bewußtsein

EDITION INTERFROM

*CIP-Kurztitelaufnahme der Deutschen Bibliothek*

*Oberreuter, Heinrich:*
Stimmungsdemokratie: Strömungen im politischen
Bewußtsein / Heinrich Oberreuter
Zürich: Edition Interfrom; Osnabrück: Fromm, 1987.
(Texte + [und] Thesen; Bd. 205)
ISBN 3-7201-5205-7


Vertrieb für die Bundesrepublik Deutschland:
VERLAG A. FROMM, Osnabrück
Gestaltung: Zembsch' Werkstatt, München
Gesamtherstellung: Druck- und Verlagshaus Fromm, Osnabrück

# Inhalt

# Stimmungsdemokratie: Gefühl und Gesinnung

„Seit ich hier bin, habe ich jedes Jahr eine andere Hysterie erlebt", sagte der kluge und scharfsichtig beobachtende, die Deutschen übrigens liebende Botschafter Italiens Luigi Vittorio Ferraris, als er seine Antworten auf den berühmten Fragebogen Marcel Prousts einem Magazin übergab[1]. Eine Übertreibung? Sicher nicht, obgleich viele diese Bemerkung so empfinden werden, die eine besondere Sensibilität für die bedrängenden Herausforderungen unserer Zeit für sich in Anspruch nehmen. Aber das ist es ja gerade: die besondere Sensibilität. In allen Ländern, zumal in jenen, in denen Problembewußtsein und Kritik sich frei entfalten können, gab und gibt es zivilisationskritische, ideologische und friedenspolitische Positionen. Nirgendwo aber besitzen sie einen derart stimmungsbeladenen, gefühlsbetonten, ja geradezu fundamentalistischen Anstrich. „Wir Italiener sind da kühler", meint der Botschafter. Nicht nur die Italiener. Auch die Briten, Amerikaner und Franzosen, unter denen Skepsis über die neuen deutschen Stimmungswogen vorherrscht. Erinnerungen werden wach an die romantischen und idealistischen Einflüsse auf die deutsche Politik schon in der weiter zurückliegenden Vergangenheit; Einflüsse, die eine realistisch-pragmatische, also eine nüchterne Sicht der Dinge stets ebenso behindert haben wie die Akzeptanz liberaler politischer Ordnung, die auf Interessen basiert statt auf der Hingabe an – möglichst ganzheitliche – Ideen und Ideale.

Politik und Gesellschaft verdienen natürlich stets auch kritische Zuwendung. Die Tendenz, daraus immer gleich Protestbewegungen entstehen zu lassen, ist eine deutsche Eigenart. Seit den Tagen des Wandervogels und der Jugendbewegung besitzt dieser Protest modernitätskritische Stoßrichtung — und das bedeutete immer: Infragestellung der industriellen Zivilisation. Seine Ziele suchte er — und sucht er auch heute — zumeist in einer als heil verklärten Vergangenheit. War das zu Beginn dieses Jahrhunderts das Mittelalter und das Ideal des ganzheitlichen Menschen, war es übrigens auch damals schon ein naturphilosophisch angehauchtes Zurück zur vorindustriellen Natur, so sind davon heute zumindest das ganzheitliche Ideal und die naturphilosophische Orientierung geblieben — und damit die Suche nach Lösungen aus der Vergangenheit.

Dabei offenbart jeder tiefere Blick sehr schnell, daß in der Vergangenheit Wissenschaft und Technik der Natur aufgeholfen haben und daß angesichts des erreichten Entwicklungsstandes moderner Gesellschaften — dem im historischen Vergleich gewiß mehr Positives als Kritisches abzugewinnen ist — einzig vorn „noch Auswege offen“[2] sind.

Keineswegs originell ist auch der aktuelle Protest gegen den Mangel an Wärme, Gefühl und Idealen in Politik und Gesellschaft — ein Mangel, der Verweigerung und Gegenposition damals wie heute geradezu zu begründen scheinen. Allerdings fragt sich, ob da nicht zutiefst falsche Forderungen an Strukturen sozialer und politischer Öffentlichkeit erhoben werden, die ihren Charakter wesentlich — und keineswegs vorteilhaft — verändern müßten, sobald man von ihnen die

Befriedigung privater, ja geradezu intimer und emotionaler Bedürfnisse erwartet. Solche Erwartungen entspringen natürlich ganzheitlichen Idealen, in denen für die institutionellen und funktionalen Aspekte des Politischen kein Raum bleibt. Auch darin lebt eine verhängnisvolle Tradition wieder auf: die Tradition, sich auf das genuin politische Spiel in seinen verfaßten und institutionalisierten Formen — Parteien, Verbände, Parlamente — gar nicht einzulassen.
Insoweit sind alle diese Bewegungen in diesem Jahrhundert in Deutschland antipolitisch, auch wenn sie politische Ziele verfolgen. Auf die rechtlich verfaßten und von daher eine Emotionen brechende und Ideale rationalisierende Tendenz entfaltenden Verfahren der Demokratie lassen sie sich nicht oder höchst widerwillig ein. Damals wie heute charakterisiert diese Bewegung darüber hinaus elitäres Bewußtsein — heute vielleicht nur mit aggressiveren Zügen, weil sie sich in einem gefestigten demokratischen System gegen den Gleichheitsgrundsatz wendet. Aber schon auf dem Hohen Meißner hieß es: „Das deutsche Haus brennt. *Wir* müssen es löschen." Darin liegt kaum ein Unterschied zu heutigen Gewißheitsansprüchen über den einzig richtigen Weg zur Rettung von Natur und Menschheit.
Zornige junge Männer gab es zur Zeit der Jugendbewegung auch anderswo in Europa. Auch sie entwickelten einen Jugendkult, der sich gegen die muffige Atmosphäre in der Gesellschaft richtete. Trotzdem blieb die deutsche Jugendbewegung eine spezifische Form des Protests. Sie agierte in einer Gesellschaft, welche die bürgerliche Revolution nicht vollendet, die sich zwar industrialisiert, aber nicht liberalisiert hatte. In ihrem Zentrum standen nicht die individuellen Freiheiten, sondern eher preußisch-aristokratische Tugen-

den der Treue und des Gehorsams gegenüber Kaiser und Reich. Die Jugendbewegung, im Grunde apolitisch und auf Gesellschaft — Eltern und Oberlehrer — konzentriert, war keine Speerspitze der Liberalisierung im Staat[3]. Im Gegenteil: Den Idealen von Freiheit, Gleichheit, Brüderlichkeit setzte sie Einheit, Reich und Vaterland entgegen. Das ist heute natürlich gänzlich anders. Die bürgerlichen Freiheitsrechte sind angeeignet — zunehmend mehr. Trotzdem steht die Protestbewegung der freiheitlichen Ordnung und politischer Liberalität merkwürdig fremd gegenüber.
Übrigens — auch das eine Parallele — fand die deutsche Sichtweise auch früher schon skeptische Beobachter. Das Grauen, „das Dritte anrühren mußte, wenn sie es mit fichteanisch geprägten Deutschen zu tun bekamen, die selbst das schlichte Geschäft der Stecknadelproduktion wie von idealistischer Gesinnung geprägt betrieben", hat Max Scheler im Ersten Weltkrieg als Ursache des Deutschenhasses erkannt[4]. Heute ist es nicht Grauen, aber doch Verwunderung, mit welcher die romanische und angelsächsische Welt auf die Deutschen und ihre Stimmungen blickt.
Wer die politische Kultur der Deutschen einigermaßen kennt, kennt auch ihre wiederholten romantischen Rückfälle von der Studentenbewegung der späten sechziger bis zu den differenzierten, aber innerlich doch zusammenhängenden ökologischen und pazifistischen Bewegungen der achtziger Jahre. Intellektuell inspiriert, sind alle diese Bewegungen natürlich nicht analysefeindlich. Aber man tritt ihnen mit der Feststellung nicht zu nahe, daß ihre auslösenden Faktoren und die Gründe ihrer Massenwirksamkeit nicht analytischer, sondern emotionaler Natur waren: zivilisations- und in zweiter Linie auch politikkritische Gefühle und Stimmungen.

## *Öffentliche Meinung: Zur Stimmungsabhängigkeit der Politik*

Solche Stimmungen gegenüber der Politik gibt es wahrscheinlich immer und überall. Keineswegs müssen sie stets zu derart dramatischen Zuspitzungen führen, daß sie eine Herausforderung für das politische System darstellen. Politische Konsequenzen freilich muß man ihnen überall zusprechen, wo Politik und Meinungsbildung sich im Medium der Öffentlichkeit abspielen: in der Demokratie allzumal. Es ist übrigens sehr aufschlußreich, die Apologie des Sokrates einmal unter diesem Aspekt zu lesen. Aber gegenüber jenen Zeiten hat sich Öffentlichkeit durch Medien erheblich ausgeweitet. Damit sind auch die Reichweiten von Gefühlen und Stimmungen gestiegen. Sie erstrecken sich nun auf die ganze Gesellschaft. Und sie wirken. Keine Demokratie kennt Entscheidungsprozesse, welche diese Grundtatsache modernen Regierens verleugnen könnten. Alle Demokratien sichern ihre Legitimität durch enge Korrespondenz mit der öffentlichen Meinung. Zuteilung oder Entzug von Macht durch Wahlen, deren Ausgang ja nicht allein mit Vernunftkriterien erklärt werden kann, sind eines ihrer wichtigsten Kriterien. Offensichtlich liegt das Problem nicht darin, daß Stimmungen in die Politik einfallen. Es kann vielmehr nur dort liegen, wo Stimmungen rationales Kalkül von öffentlicher Kommunikation und Wirksamkeit weitgehend ausschließen. Dort liegt das kritikbedürftige Phänomen — und das ist wohl auch der Vorwurf, der hinter der Verwunderung über die neue deutsche Unruhe steckt.

Aber die Übergänge erscheinen fließend. Anscheinend gibt es Phasen, in denen Irrationalität nicht unbedingt Kennzeichen der politischen Kommunikation ist, sich aber — gleichsam in einem „black out" — doch Stimmungen durchzusetzen vermögen. In der Bundesrepublik gibt es dafür ein klassisches Beispiel: den Sturz des Kanzlers Erhard 1966 aufgrund einer ökonomischen Krisenstimmung, die durch die Tatsachen kaum gedeckt war: Wachstum 5,6 %, Arbeitslosenquote 0,5 %, Einkommenszuwachs 10,5 % im Jahre 1965. 1966 waren die Daten geringfügig schlechter. Heute wären wir froh darüber. Trotzdem herrschte in der Öffentlichkeit überwiegend Pessimismus. Der Kanzler machte nun den Fehler, zu stabilisieren und zu konsolidieren. Er wirkte nicht optimismusstiftend auf die öffentliche Meinung ein und entwickelte keine phantasieansprechende Zukunftsperspektive. Kurz: Er mobilisierte keine Gegenstimmung. Das war sein Ende. Daten, Programme und öffentliche Resonanz meinend, schrieb der Fraktionsvorsitzende Rainer Barzel damals an den Kanzler: „In unserer Stimmungsdemokratie lassen sich alle diese Dinge zwar theoretisch, nicht aber im schließlichen Verhalten der Menschen auseinanderhalten[5]."

Wahrscheinlich hat also Rainer Barzel den Begriff „Stimmungsdemokratie" geprägt. Er tat dies immerhin in einer Zeit, die von den alltäglichen Untergangs- und Endzeitvisionen noch frei war, und welcher der romantische Rückfall in Form der fundamentaloppositionellen Studentenbewegung erst bevorstand. Inzwischen ist eine zweite fundamentaloppositionelle Bewegung über die Bundesrepublik hereingebrochen, die sich offenbar dauerhafter zu etablieren versteht. Was beiden Bewegungen sonst noch gemein sein oder was sie unterscheiden mag[6], sie haben jedenfalls mehr als je zuvor in der Geschichte der Bundesrepublik Emotionen und Stimmungen freigesetzt. Die Rationalität der politischen Auseinandersetzung hat mehr und

mehr abgenommen, so daß man durchaus besorgt sein muß, der vorhin definierte kritische Punkt sei erreicht, an dem das rationale Argument in der öffentlichen politischen Kommunikation nur noch geringe Chancen hat.
In dieser Situation ist der Begriff Stimmungsdemokratie mit einem Male aktuell geworden. Nicht nur das; er erfuhr auch — wenigstens in Andeutungen — eine weiterführende Interpretation. Diese Aktualisierung und Weiterführung geht auf keinen Geringeren zurück als auf Theodor Eschenburg, als Analytiker und Demokrat vielfach erfahren und erprobt. Er diagnostizierte: „Wir leben in einer Stimmungsdemokratie. Darin liegt unsere Gefahr heute. Die Leute gehen sehr stark von Stimmungen aus und nicht vom kühlen Verstand[7]."

## *Politik und Rationalität: Ein Spannungsfeld*

Eschenburg meint, die basisdemokratischen Postulate könnten das staatliche Gefüge der Bundesrepublik gefährden. Die technische Funktionsfähigkeit des Staates in Gesetzgebung, Verwaltung und Außenpolitik gerate ins Wanken, wenn die Angst vor der Parteibasis jede sachorientierte, aber vielleicht unpopuläre Entscheidung verhindere. Die „Stimmungsdemokratie" betrachtet Eschenburg also als Entartungserscheinung. Ihre Gefahr sieht er in der Auflösung der Staatlichkeit der Demokratie, welche sich in einem überladenen Partizipationsverständnis verflüchtigt. Und noch dazu ist dieses Partizipationsbegehren weitgehend emotional bestimmt und auf die Individuen bezogen — eben abhängig von Stimmungen und abgekoppelt von den Funktionserfordernissen des Gesamtsystems.

Wenn diese Diagnose zutrifft — und kaum jemand zweifelt daran, dann stehen wir vor zwei gegenläufigen Entwicklungen, die nicht miteinander zu versöhnen sind. Auf der einen Seite haben wir die Rolle des modernen Staates ausgeweitet. Wir haben ihn als Lenker, Schlichter und Verteiler in immer mehr Bereiche hineingebeten, die früher von der Gesellschaft autonom gestaltet worden waren. Unser Freiheitsgefühl grenzt den Staat nicht mehr aus. Es erwartet vielmehr Unterstützung und lebensweltliche Verwirklichung durch seine Leistungen, z. B. im Bereich von Bildung, Wohlstand, sozialer Sicherung und Kommunikation. Staat und Politik sind vielfältig in die Gesellschaft hineinverfasert. Ihre Aufgaben sind zahlreicher, nahezu unendlich, zugleich aber auch äußerst komplex geworden. Sie bedürfen also rationaler Zuwendung.

Auf der anderen Seite wird die partiell durchaus intensivere Zuwendung zur Politik stärker von individuellen Bedürfnissen und Stimmungen beherrscht. Solche individualistischen Ansätze umfassen jedoch nicht den gesamten Problemhorizont der Politik. Sie finden auch nur schwer zu einem integrierten, alle Probleme nach Prioritäten zusammenordnenden Zielentwurf und zu einer entsprechenden Problemlösungsstrategie. Nicht immer, aber häufig genug fehlt es auch an Kompetenz. Entscheidend ist aber oft nicht nur die Antwort auf eine Frage. Entscheidend ist die Einpassung dieser Antwort in den Gesamtrahmen gesellschaftlicher Herausforderungen und politischer Entscheidungen — eine Einpassung, die mehr leisten muß als die Befriedigung individueller, regionaler oder gruppenspezifischer Bedürfnisse.

Von daher sind dem Begriff „Stimmungsdemokratie" Flügel gewachsen. Zustimmung aus der Politik blieb nicht aus. Der Ministerpräsident Schleswig-Holsteins z. B. gab Eschenburg in einem Interview „mehr recht als unrecht". Noch nie seien Stimmungen so ausschlaggebend gewesen für die politische Willensbildung. Zu oft sei es vorgekommen, daß eine Stimmung bis in die politischen Entscheidungsgremien hinein durchschlägt. Andererseits schränkt Uwe Barschel aber auch ein: „... jeder Politiker ist auch in Gefühle, in Stimmungen eingebunden, und diese für sich genommen halte ich nicht für gefährlich. Das ist normal[8]."
Auch diese Aussage trifft zu. Ein wenig präzisiert, bezeichnet sie ein Spannungsfeld, in welchem Politik eigentlich seit je, im modernen Staat unserer Tage aber ganz besonders angesiedelt ist: das Spannungsfeld zwischen politischen Wertoptionen und Rationalität. Politik kann sich ja nicht im Vollzug von Sachzwängen erschöpfen. Täte sie es, hätten wir keine politische Herrschaft mehr – schon gar keine Demokratie. Wir hätten vielmehr eine Technokratie. Politik ist jedoch immer als wertorientierte Steuerung der Gesellschaft verstanden worden: Steuerung nach einem Konzept vom Gemeinwohl. Werte sind die Grundlagen für ein derartiges Konzept. Falsch wäre es aber, unter Berufung auf die Priorität der Wertorientierung für rationalitätsentleerte Politik zu plädieren. Sie liefe rasch leer und verlöre ihre Gestaltungskraft. Ideologie und Rationalität müssen im modernen Staat in eine Beziehung zueinander treten, in der sie sich gegenseitig korrigieren und balancieren. Dabei mag offen bleiben, wie dieser Balanceakt im einzelnen jeweils ausgeht.

*Stimmungslager?*

Unser Problem liegt nicht schon im Argumentieren mit Werten und Überzeugungen. Es beginnt dort, wo Einwände, die aus Rationalität und Funktionserfordernissen geboren sind, souverän auf die Seite geschoben werden. Dabei muß man zugeben, daß wir nicht vor einer gänzlich neuen Erscheinung stehen, vielleicht auch — wie zu befürchten ist — längst noch nicht am Abschluß einer Entwicklung. Jedenfalls haben die klassischen Parteien in der Bundesrepublik durchaus die Geister mit herbeigerufen, die sie heute fürchten und nicht loswerden. Wahlkämpfe z. B. sind schon lange nicht mehr argumentativ. Sie sind generalstabsmäßig vorbereitete, nach den Grundsätzen der Werbepsychologie und der Massenbeeinflussung konzipierte Kampagnen. Sie sind auf die Modellierung und Pflege von Stimmungslandschaften gerichtet — je nach Interesse und nach Regierungs- oder Oppositionsposition in milden Sonnenglanz oder in das diffuse Licht eines heraufziehenden Unwetters gerückt. Schon gibt es den nächsten Schritt: politisches Kabarett und politisierte Pop-Szene. Darin liegt keine argumentative Erlösung — im Gegenteil. Dieser Schritt ist die politische Mobilisierung von Lebensstil und Lebensgefühl: Stimmungsmache für Intellektuelle, die sich in Kürzeln verstehen und Gemeinschaftserlebnis suchen. Worte, Argumente, scheinen dabei zu stören. Besteht die Republik am Ende dieser Entwicklung vielleicht nur noch aus lauter Stimmungslagern?
Für die gesellschaftliche und politische Integration wäre das eine starke Herausforderung — nicht nur, weil Subsysteme und Subkulturen nebeneinander und zum Teil auch gegeneinander stehen, sondern weil in der Verselbständigung, ja Autonomisierung derartiger

Tendenzen Wert- und Sinnzusammenhänge schwinden und zusammenordnende Strukturen geradezu funktionslos werden können. Schon richtet sich der Zeitgeist ohnehin direkt gegen die gesellschaftlichen Großstrukturen und pflegt einen Kult der kleinen Einheit als bewußte Alternative. Seit längerem kennen wir Konzepte der Gegenöffentlichkeit, die zum Beispiel die Ankoppelung an einen gemeinsamen Marktplatz gesellschaftlicher Kommunikation nicht mehr erstreben und sich selbst genügen. Dieser Kult der kleinen Einheit und der In-sich-Kommunikation teilt die Republik in Betroffenheits-, Gesprächs- und Autonomie-Inseln — zumindest seinem Anspruch nach. Da er sich aber nicht unbegrenzt entfalten kann und die traditionellen Großstrukturen kommunikativer und politischer Integration noch ganz gut funktionieren, stellt er zunächst in der Tat nur eine Herausforderung dar.

Gleichwohl fördert die Dominanz von Stimmungen einen Trend zur Beliebigkeit und Maßstabslosigkeit. Sie widerstreitet mit Sicherheit rationalitätsgesteuerten Relevanzkriterien für die Erkenntnis von Problemlagen und für die Entwicklung von Problemlösungsstrategien. Natürlich lösen punktuelle Emotionen auch Zusammenhänge auf, statt sie transparent zu machen: Gerade daran hätten wir Bedarf. So stehen wir vor einer verhängnisvollen Entwicklung: Wissen und Erkenntnis nehmen zu und werden immer komplexer. Gerade dadurch wachsen nicht zuletzt auch die Probleme, unter denen viele leiden — und das nicht ganz zu Unrecht. Aber wenn wir nicht mehr wissen, was wichtig ist und was unwichtig, und wenn wir Komplexität nicht mehr erkennen, sondern all das nach Stimmungslagen — und damit willkürlich — entscheiden, droht auf der Strecke zu bleiben, was heute

in der Politik eigentlich zunehmend freigesetzt werden müßte: Rationalität:
Statt dessen erlebt die Stimmungsdemokratie offenbar bewußt eingesetzte, politisch instrumentalisierte Gegenstrategien — ja sogar Hysterisierungsstrategien, die allein dazu geeignet scheinen, jene Betroffenheitsdisposition immer wieder zu aktivieren, die auch in einer (pseudo-)dramatischen Konstellation abstumpfen muß: dann nämlich, wenn sich im Drama immer die gleichen Szenen wiederholen. Deswegen heißt es: „Den Politikern muß auf ihre Beruhigungsversuche mit Hysterie geantwortet werden. Dem sind sie nicht gewachsen[9]." Dem ist, wie inzwischen viele Beispiele lehren, auch vernunftorientierte politische Willensbildung nur noch eingeschränkt gewachsen.

## Angst, Moral, Heilslehren: Bausteine politischer Irrationalität

„Wie kannst Du in einer so wichtigen Angelegenheit derart rational argumentieren?“ Elisabeth Noelle-Neumann zitiert aus ihrer Beobachtung studentischen Umgangs gelegentlich diese vorwurfsvolle Frage. Ehedem wäre es im akademischen Bereich ein Kompliment (oder eine Selbstverständlichkeit) gewesen, mit komplexen Gegenständen wie Abrüstung und Sicherheitspolitik, um die es in jenem Gespräch ging, sachverständig umzugehen. Heute ist zunächst Betroffenheit gefragt — und die schiebt rationale Annäherungen zur Seite.

Es wäre reizvoll, eine Phänomenologie politischer Irrationalität in der Stimmungsdemokratie zu entwerfen. Aber hier muß es genügen, mit wenigen Beispielen und Hinweisen einige Bausteine dafür zur Verfügung zu stellen.

### *Katastrophenstimmung und Zeitenwende*

Im Mittelalter pflegten schicksalhaft über die Menschen hereinbrechende Katastrophen oder auch unerklärbare Ereignisse als Vorboten einer Zeitenwende gedeutet zu werden. Kein Wunder, denn das Wissen zu rationaler Entschlüsselung solcher Erscheinungen stand noch nicht zur Verfügung. Sie entzogen sich menschlichem Fassungsvermögen. Irrationale Reaktionen erklären sich von daher leicht. Die Katastrophen unserer Zeit sind in der Regel erklärbar. Zum größten Teil sind sie Menschenwerk und von daher eigentlich rationaler Auseinandersetzung zugänglich. Aber das scheint ein Trugschluß zu sein. Sobald exi-

stentielle Ängste angesprochen und freigesetzt sind, erscheint die Neigung weit verbreitet, jene Fortschritte zu vergessen, die Aufklärung und vernunftbegabtes Denken uns gebracht haben. Das rationale Argument verfehlt seine aufklärerische und politische Wirkung. Es verfehlt die Stimmungslage der Adressaten und erreicht sie deswegen nicht. Es kommt auch zu spät, wenn Gefühle sich erst einmal eingenistet haben. Die Situation nach Tschernobyl ist ein Musterbeispiel dafür: Informationsunsicherheit, dann widersprüchliche Vielfalt, politische Instrumentalisierungen — Angst, Hysterie, tief verwurzelte Katastrophenstimmung. Des Themas und seiner Interpretation hatten sich schnell die Nicht- und Pseudoexperten bemächtigt; sie hatten die Stimmungskoordinaten festgelegt. „Den zuständigen amtlichen Stellen war es in dieser Situation sehr schwer" — so steht in einer offiziellen Informationsbroschüre[10] zu lesen — „ihre Lagebeurteilungen und Empfehlungen unverkürzt und unverzerrt ... an die Bürger heranzubringen." Es heißt nicht: die Informationen und Empfehlungen wurden nicht geglaubt. Es heißt: sie haben die Adressaten nicht zu erreichen vermocht — nicht „unverkürzt und unverzerrt". Wie wohl dann?
Während die Experten — wie es sich gehört — sich noch um Sachaufklärung und Beurteilung bemühten, waren die aufgeregten Interpretationsmuster schon quasi verbindlich gemacht. Bis heute ist es nicht gelungen zu vermitteln, daß die Belastung durch Tschernobyl unterhalb der natürlichen Strahlenbelastung und im Rahmen natürlicher Schwankungsbreite liegt. Geschädigt hat sich, wer floh — etwa ins eigene Haus, dessen Strahlendauerbelastung je nach Baumaterial erheblich höher sein mag, oder nach Australien und Südamerika, wobei der Fluchtflug in großer Höhe eine höhere

Strahlendosis einbrachte, als man sie sich in der Bundesrepublik hätte zuziehen können. Natürlich ist der einzelne überfordert, sich bei einer derartigen Materie selbst ein kompetentes Urteil zu bilden. Seine Kompetenz reicht offensichtlich nicht einmal hin, sich an den richtigen Experten zu orientieren. Wie sollte sie auch, wenn falsche Propheten sich gleichberechtigt danebenstellen und ihre Torheiten in einer bereits modellierten Stimmungslandschaft Sympathie finden können, obwohl — oder gerade weil — sie von unangenehmer Dramatik sind? Wissenschaft und Technik sind offenbar nicht länger eo ipso wirksame Mittel der Angstbewältigung. Daran ist nur zum Teil die Tatsache schuld, daß sie selbst Folgen zeitigen, die Angst hervorbringen. Bewältigen lassen sich diese Folgen allein mit Rationalität! An der Bereitschaft zu dieser Anstrengung mangelt es. Einfacher ist die Flucht — ob nach Australien oder nur in die Gefühle.
Tschernobyl ist jedenfalls der Beweis, daß Angst wissenschaftlicher Rationalität keine Chance läßt. In vergleichbaren Fällen ist das eine erhebliche politische Herausforderung, weil in der Demokratie, die sich immer auch auf öffentliche Meinung stützt, dann auch die Chancen politischer Rationalität beeinträchtigt sind!

## *Verführung durch Pseudokompetenz: Zum Mißbrauch des Sachverstands*

Dennoch, trotz aller Furcht, die der technisch-wissenschaftliche Fortschritt selbst erzeugt, ist das Zeitalter wissenschaftlicher Hörigkeit nicht vorbei. Die Angst selbst sucht sich wissenschaftlich zu wappnen. Allerdings verfällt sie dabei oft der Gefahr, die Gesetze wis-

senschaftlichen Denkens ihrer eigenen Gesetzlichkeit zu unterwerfen. Das heißt, die Mobilisierung von Wissenschaft gerät selektiv, manipulativ — und naiv.
So genügt es etwa nicht, richtig zu erkennen, daß für die Glaubwürdigkeit von Behauptungen eigentlich auch empirische Belege nützlich sind (ohnehin schon ein Fortschritt, wenn Stimmungen erst einmal regieren!). Beweise müssen auch mit adäquaten Methoden erhoben sein. Das nötige Rüstzeug ist durchaus nicht schwer zu erwerben. Verläßliche Erhebungen erfordern jedenfalls Professionalität. Man kann es auch anders versuchen: mit einer willkürlichen, nicht repräsentativen Grundgesamtheit, mit (kleineren) arithmetischen Fehlern und mit unkonventionellen Umfragetechniken — z. B. mit „Telefonnachfragen, wo einmal die Oma und einmal die 14jährige Tochter am Apparat ist . . .".
Mit derlei Empirie wurde im Frühjahr 1987 die oberbayerische Bevölkerung durch die Umweltorganisation „Arche Noah" wegen angeblich alarmierend hoher Steigerungsraten totgeborener und mißgebildeter Kälber im Kreis Miesbach — angebliche Tschernobyl-Folge — beunruhigt. Die lückenlose und methodisch unangreifbare amtliche Statistik wies nach, daß es nicht nur keine Steigerungsraten gegeben hatte, sondern der Raum Miesbach sogar noch leicht unter dem Landesdurchschnitt lag. Das hinderte nicht an weiterer Stimmungsmache — und auch nicht daran, daß die Presse zunächst von „zweierlei Methoden" sprach[11], wo es tatsächlich nur eine zutreffende gab — und auf der anderen Seite sich vielleicht nolens volens methodisch verkleidende Subjektivität.
In diesem Fall stützt methodische Naivität Betroffenheit und moralische Empörung, indem sie sich den

Mantel empirischer Absicherung umzuhängen versucht. Aber dieser Mantel ist zu kurz.
Nichts anderes als Scharlatanerie liegt vor, wenn Dressurakte wissenschaftlichen Renommees in falschen Arenen vorgeführt werden. Außerhalb seines Fachgebietes kann sich angesichts des hohen Spezialisierungsgrades heute auch ein Wissenschaftler im wesentlichen nur empören. Sich mit der Autorität fachlicher Kompetenz äußern, kann er nicht. Gleichwohl lassen sich seit geraumer Zeit z. B. Geographen in die Arena der Öffentlichkeit schicken, wo eigentlich Geologen gefragt wären, um hier die Auseinandersetzung um die Salzstöcke aufzunehmen. „Haben nicht Hunderte von Wissenschaftlern"? Natürlich haben sie. Aber die meisten auf diesen Unterschriftslisten mögen Pädagogen, Philosophen, Altphilologen, Byzantinisten oder Sozialwissenschaftler sein, von einschlägiger Kompetenz sind die allerwenigsten. Nur diese erheben den wissenschaftlichen Anspruch zu Recht. Alle anderen machen nur den beliebten Versuch, aus einer hervorgehobenen beruflichen Position den Anspruch auf besonderes Gehör im politischen Streit abzuleiten. Politische Kompetenz besitzen sie jedoch nicht mehr als jeder andere Staatsbürger auch.
Leider sind die Einflußchancen dieser Pseudokompetenz auf die öffentliche Meinung erheblich gestiegen, weil der wirkliche wissenschaftliche Sachverstand mit Staunen vor dieser Art der Diskussionsführung und ihrer politischen Wirkung steht. Er argumentiert zum einen zu kompetent und zu rational, um sich noch verständlich zu machen — vielleicht ein Fehler, weil es im Grunde längst um die Legitimation des eigenen wissenschaftlichen Forschens geht. Zum anderen lehnt er es (typisch wissenschaftlich und insoweit auch weltfremd) aus Selbstachtung ab, sich auf ein bestimmtes

Argumentationsniveau überhaupt einzulassen: Der „Zeit“ ist es z. B. zunächst nicht gelungen, eine Gegenposition zu einem Artikel Frederic Vesters in der Süddeutschen Zeitung über die Gefahren radioaktiver Strahlungen zu mobilisieren: „Die Argumentation sei so blödsinnig, hieß es, daß sich kein seriöser Fachmann damit auseinandersetzen könne. Erst als der Artikel ein ungeheures Echo in der Öffentlichkeit, besonders bei Jugendlichen, auslöste, fand sich jemand bereit, dagegen zu schreiben“ [12]. Wissenschaftliche Kompetenz hat noch nicht begriffen, was die Besetzung der öffentlichen Meinung bedeutet, die Pseudokompetenz dagegen sehr wohl.
Auch die Politik selbst ist mit den Problemen zu sehr beschäftigt, um sich Pseudoproblematisierungen ausreichend zuzuwenden. Damit gibt auch sie in der Öffentlichkeit Terrain frei. Dabei stünde ihr gegen solche Auftritte in der falschen Arena, anders als der Wissenschaft, die treffliche Waffe der Ironie zur Verfügung: Als z. B. ein Professor gegen den Standort der Wiederaufarbeitungsanlage Wackersdorf dessen angebliche Erdbebengefährdung einwandte, verwies das Umweltministerium nicht nur auf die gegenteiligen gutachtlichen Feststellungen des sachkundigen Geophysikalischen Observatoriums Bayern (die natürlich öffentlich zugänglich, aber nicht zur Kenntnis genommen worden waren), sondern teilte auch sein „Erstaunen“ darüber mit, daß aus jenem Professor, einem „anerkannten Experten für Wirbeltierversteinerungen, im Auftrag der Kläger gegen die WAA neuerdings offensichtlich ein Spezialist für Geophysik, Seismik, Hydrologie sowie Grundwasserhydraulik geworden sei“ [13]. Eine sicher nicht unangemessene Reaktion auf den Versuch, mit angemaßter Kompetenz in einer falschen Arena Stimmungen zu erzeugen. Denn beliebig

gewordener Sachverstand ist das Gegenteil von dem, was er vorgibt zu sein.
Ähnlich ergeht es jenem Sachverstand, der sich selbst zur Beute von Stimmungssituationen macht: Nachdem die alarmierende Botschaft erst einmal übers Fernsehen unter die Leute gebracht war, es gäbe einen Zusammenhang zwischen vermehrten Mißbildungen bei Neugeborenen mit Tschernobyl, mußte ihr Urheber, ein Humangenetiker, sogleich gegenüber der Strahlenschutzkommission und auch gegenüber der Öffentlichkeit einen Rückzieher machen: Es gäbe keine „wissenschaftlich signifikanten Beweise“ [14]. Jetzt erst wurden methodische Überlegungen darüber angestellt, wie sich solche Beweise überhaupt erheben ließen.
Jeder Student im Logik- oder Methodengrundkurs lernt, wie sehr die krude Korrelation zweier Bezugsgrößen in die Irre führen kann. Wenn sich ein Zusammenhang in methodisch abgesicherten Verfahren erweisen sollte — es wäre schrecklich genug. Wichtig im Kontext emotionaler Provokationen, um die es hier geht, ist nur die Begründung, die der Genetiker für seine ursprüngliche alarmierende Interpretation gab: sie sei „unter einem starken Publizitätsdruck“ entstanden [15]. Soll das heißen, daß es unter derartigem Druck nun zum Verhaltenskodex des Wissenschaftlers gehören soll, erst einmal Öl ins Stimmungsfeuer zu gießen — und dann erst die Beweise zu suchen, die aus Behauptungen Erkenntnisse werden lassen? Und wenn die Beweise nicht beizubringen sind, läßt sich dann nach Jahren noch eine verhaltensleitende Gemütslage von heute reparieren? Immerhin geht es um Behauptung und Beweis einer Bedrohung der Unversehrtheit des Lebens. Sachverstand, der auch unter Publizitätsdruck nicht zu den Grenzen seiner — zunächst ja nur —

Vermutungen steht, deformiert sich opportunistisch. Auch er verkehrt seine gesellschaftliche Funktion ins Gegenteil.
Noch mehr trifft das für einen Sachverstand zu, der sich ohne Umschweife politisch instrumentalisieren läßt. Der Versuch dazu geht seit langem von der Politik aus, die über viele Inszenierungen verfügt, mit deren Hilfe in Wahrheit nicht wissenschaftliche Beratung für politische Entscheidungen, sondern wissenschaftliche Unterstützung für längst festgezurrte politische Positionen gesucht wird. Auch das ist opportunistisch — und es funktioniert übrigens auf beiden Seiten. Qualifikationen spielen dann auch im Verhältnis von Politik und Wissenschaft keine ausschlaggebende Rolle mehr: Parlamentsausschüsse nehmen bei einem Hearing den Studenten und den Nobelpreisträger der Physik (es gab dieses Beispiel im Bundestag) gleich ernst. Dabei lassen sich die Grundgesetze der Physik nicht wegpolitisieren. Für das Parlament hat ein Hearing dokumentarisch-politischen, nicht aufklärerischen Charakter. Für den auch bei dieser Veranstaltung um rationale Aufklärung bemühten Wissenschaftler entsteht der Eindruck, wissenschaftliche Erkenntnis werde zu einem Problem der politischen Antagonismen und Mehrheitsverhältnisse uminterpretiert. Für die Öffentlichkeit entsteht Verwirrung und der Eindruck, selbst die Experten seien sich nicht einig. In Wirklichkeit verläuft die Front aber zwischen Experten und Pseudoexperten. Das Parlament ist nicht in der Lage, diese die öffentliche Auseinandersetzung ohnehin durchziehende Front zu begradigen, weil die Fraktionen Herren des Verfahrens sind und dieses nicht nach Qualifikation, sondern nach Proporz gestalten.
Global gesehen ist seine Aufgabe auch nicht Wahrheitssuche, sondern politische Gestaltung. Zudem soll

das Parlament ja einen zentralen Platz in der politischen Kommunikation einnehmen und ist nicht zuletzt durch seine Offenheit für das Zeitgespräch der Gesellschaft definiert. Von daher ist es — in der Demokratie fast notwendigerweise — eher Resonanzboden für Stimmungen statt Korrektiv. Das gilt für den politischen Kommunikationsprozeß und natürlich besonders, soweit ihn Emotionen dominieren. Es kann nicht mehr uneingeschränkt gelten im Entscheidungsprozeß, der nicht allein Wertungen und Stimmungen unterworfen sein darf, sondern auch die Rationalität der Dinge berücksichtigen muß. Stimmungsdemokratie stürzt deswegen offensichtlich zunehmend auch die politischen Institutionen in ein Dilemma, und zwar im Kern ihres Funktionsbereichs. Die Vision, sie künftig durch Spontaneität ersetzen zu können, kommt noch hinzu.

## *Stimmungsmacht und Macht der Stimmen*

Auch wenn die Politiker gegen „maßlose Hysterie" wettern, wie es der bayerische Umweltminister Dick, seinen Finger in die Molke tauchend, tat[16], die Mechanismen demokratischer Willensbildung zwingen sie dazu, solcher Hysterie zu opfern: Es ist die Hysterie ihrer Wähler. Deren Stimmungsmacht kann umschlagen in die Macht der Stimmen. Das allein erklärt die politische Behandlung der Molke und die — natürlich auch opportunistische — Inkraftsetzung des Sankt-Florians-Prinzips bei ihrer Entsorung: Hat der Bund eine Lösung, erheben Gemeinde und Land Einspruch[17]. Daran zeigt sich, wie sehr die Stimmungs- in die Betroffenheitsdemokratie umschlägt, wie Betroffenheits-Inseln entstehen, und der Staat als handlungsfähige Einheit in Frage gestellt wird.

Die Politiker sind in ihren Entscheidungen umso weniger frei, je mehr sie dem Druck der öffentlichen Meinung ausgesetzt sind. Da sie aber, soweit zu beobachten, nicht ihre eigene Hysterie zelebrieren, sondern „nur" die Psychologie der öffentlichen Meinung berücksichtigen und Verantwortung an den Tag legen, wertet das Deutsche Atomforum mit seiner zielsicheren Kritik Strukturmerkmale demokratischer Willensbildung falsch: „Nicht die Radioaktivität der Molke ist ein Skandal, sondern die Art und Weise, wie die Politik damit umgeht. Offenbar werden in diesem Lande politische Entscheidungen unter dem Eindruck öffentlicher Hysterie gefällt und nicht auf Grund nüchterner Tatsachen." Die Molke sei vor allem mit „Unwissen und Psychologie" belastet und weniger mit Radioaktivität [18]. So richtig das sein mag, so richtig ist auch die Reaktion des angegriffenen Ministeriums: Ängste würden nicht geschürt, aber ernst genommen. Natürlich. Deswegen fahren Geisterzüge nächtens durch die Republik in die Obhut der bewaffneten Macht. Aber andere schüren. Und die Frage muß erlaubt sein, warum hierzulande diese Stimmungslandschaft entstehen konnte, für welche die Molke ja nur ein Beispiel ist. Dem Hörensagen nach hat sich Österreich z. B. eines vergleichbaren Problems ohne Schaden in den Strudeln eines Donaukraftwerks entsorgt. Verbürgt ist, daß in der Schweiz die Milch getrunken und in Frankreich der Salat verzehrt wurden, die diesseits des Rheins als ungenießbar galten. Wenn die Deutschen schon zur Überreaktion neigen, und wenn seit mehr als einem Jahrzehnt beobachtet werden kann, wie diese Überreaktion gefördert wird — hätte es da nicht rechtzeitig ernstgenommener Aufklärungspflicht von Industrie und Wissenschaft bedurft und nicht zuletzt auch entschiedener politischer Führung? Derzeit wird Verantwortung auf groteske Weise wahrgenommen – etwa indem die Hamburger Senatsverwaltung zu Ostern den Kindern in den Waisenhäusern wegen potentieller Kontaminierung der Milch Schokoladenhasen vorenthält. Derzeit findet auch politische Führung nicht statt. Statt dessen rennt sie publicityträchtig allen Alarmmeldungen hinterher, auch wenn ein Phänomen so minimal ist, daß krampfhaft gesucht werden muß, um zwei leibhaftigen Umweltministern beim Ortstermin überhaupt einen Gegenstand zur Besorgnis anbieten zu können[19], und auch wenn sich fast gleichzeitig die natürliche Ursache für die Schwarzfärbung einiger Blätter im Inntal herausstellt: ein Föhnsturm.

## *Wirklichkeitsverweigerung*

Zur Beschreibung der Lage gehören natürlich auch die großen ethischen Herausforderungen, vor die uns die moderne technisch-wissenschaftliche Entwicklung geführt hat. Umweltbelastungen, der Komplex Atomenergie, Gentechnologie und Biotechnik – jedermann sind diese Probleme geläufig. Die Frage ist nur, ob sich mit den Einstellungen und Aufgeregtheiten, die hier zu schildern waren, ernsthaft eine Annäherung an die faktischen und ethischen Dimensionen dieser Probleme gewinnen läßt. Die Frage ist, ob nicht der Zugang zur Wirklichkeit inzwischen verstellt ist – gerade dort, wo diese Wirklichkeit herausfordert. Wenn hier in den Beispielen die russische Reaktorkatastrophe aufgenomen worden ist, dann deswegen, weil sie sich im rasanten Fluß der politischen Dynamik nahezu schon zur Historisierung eignet. Unser Problem scheint, daß diese Beispiele generalisiert werden können. Abrüstung, Aids, Chemie, Golfkrieg, Neue Medien, Menschenrechte, Ost-West-Konflikt, Pharmaindustrie, Südafrika: ließen sich nicht (mit gewissen Unterschieden) an der Auseinandersetzung mit diesen Themen in gleicher Weise Symptome der Stimmungsdemokratie diagnostizieren? Die Erschütterungen sind nicht immer die gleichen, aber gleich ist wohl der Primat des Emotionalen.

Solche Attitüden mögen manchmal sogar liebenswürdig erscheinen. Zum Beispiel, wenn Bundestagsabgeordnete (der Grünen) nach einer Begegnung mit Gorbatschow von seinen rehbraunen Augen und seiner sonoren Stimme zu schwärmen wissen[20]. Aber sie führen zur Verkennung der Wirklichkeit. Rehbraune Augen sagen politisch gar nichts aus — nichts über eine innere Liberalisierung (die nach eigener Interpretation nicht erstrebt wird) und nichts über eine Abrüstungspolitik, die allen zugleich auch in gleicher Weise Sicherheit garantieren muß. Die Demoskopen sagen uns inzwischen fast täglich, daß die Öffentlichkeit in erstaunlicher Weise bereit ist, über dieses Postulat hinwegzusehen. Ein Teil plädiert auch offen dafür, Wirklichkeit zu unterdrücken. Der freien Presse wird z. B. in einem Leserbrief zugemutet, den Erfahrungen von Dissidenten und ihrer Einschätzung der Karriere Gorbatschows keinen Raum zu geben. Nur publizistische Unterstützung sei „verantwortlicher Journalismus"; denn schließlich hätten wir es „in der weltweiten Ödnis kurz- oder nichtdenkender Politiker" mit einem — dem einzigen? — Mann zu tun, der fähig sei, „über den winzigen Horizont von Wahlperioden hinauszudenken"[21]. In der Tat haben Diktaturen nie und nirgends in diesem „winzigen Horizont" gedacht. Sicher repräsentiert diese extreme Verwirrung und Wirklichkeitsverweigerung keine breite Strömung. Aber vereinzelt steht sie wahrscheinlich auch nicht da. Man fragt sich vergebens nach vernünftigen Erklärungen für eine derartige Sicht, noch mehr für die Maßstäbe, die den liberalen Demokratien des Westens hier zugemutet werden.

„Verantwortlicher Journalismus", „Hoffnung für alle Menschen", „Abbau von Mißtrauen", „Gemeinsamkeit", „Verbitterung und Ressentiment" (natürlich auf seiten jener, die Kritik und Analyse wagen) — dies kurze Dokument[22] trieft von politisierender Moral. Aber was für eine Moral ist das? Läßt sich auf ihr „verantwortliche" Politik aufbauen? Ist es moralisch, Wirklichkeitserfahrung zu verweigern, Leiden zu unterdrücken und Geschichte zu klittern? Diese Sichtweise zu kritisieren, bedeutet natürlich keineswegs zu verkennen, daß die Sowjetunion erhebliche Veränderungen erfährt. Vielleicht muß man das heute schon ausdrücklich anmerken — der Stimmungslage wegen. Politik jedenfalls muß diese Veränderungen vernünftig erforschen und kalkulieren. Sie muß auch ebenso nüchtern und der eigenen Interessenlage gemäß auf diese Wandlungsprozesse reagieren, wie sie inszeniert sind: keineswegs altruistisch oder als Stimmungsmelodram.

Alle Probleme, vor denen wir stehen, sind solch nüchtern-rationalem Kalkül zugänglich. Sie erfordern es sogar — ob auf dem Felde der Innen-, Außen- oder Umweltpolitik. Sich diesen Problemen mit Vernunft zu nähern heißt, sie ernstzunehmen. Wenigstens vordergründig drängt sich der Eindruck auf, daß die Politik dazu nicht mehr uneingeschränkt in der Lage ist, weil sie inzwischen noch ernster nehmen muß, was gar nicht in diesem Ausmaß hätte entstehen dürfen: Stimmungen und Ängste.

*Angst als Triebfeder*

Wir haben es hier keineswegs mit Oberflächenerscheinungen und Oberflächendiagnosen zu tun, obgleich solche Stimmungslagen zu wechseln pflegen. Wir benötigen auch keine historische Analyse des Nationalcharakters. Walter Laqueur kommt bei einem solchen Versuch, den er in die Gegenwart fortführt, zu der These: Wären die Deutschen noch Polytheisten, hätten sie sicher einen Angstkult und würden den Göttern der Angst Statuen aufstellen[23]. Die Deutschen sind viel zu säkularisiert dazu. Aber Symbole und Ikonen der Angst werden seit geraumer Zeit permanent öffentlich vorgezeigt: kaum eine Demonstration ohne Leichentücher und Totenmasken.

Es genügt ein Blick auf die junge Generation, die ein hohes Maß persönlicher Betroffenheit angesichts der großen Probleme unserer Zeit an den Tag legt, obwohl diese Probleme in der Regel jenseits der konkreten eigenen Lebensrealität angesiedelt sind. Die Einschätzung der Problemfelder ist von der Umweltzerstörung, über Friedenssicherung und Arbeitslosigkeit bis zur Drogensucht vom Grundmotiv Angst diktiert: „Angst ist offenbar die psychologische Triebfeder der Wahrnehmung und Verarbeitung politischer Probleme bei der Mehrheit der jungen Generation." Die Umwelt gilt als bedrohlich. Diese Grundannahme „führt offensichtlich zu einer latenten Angstbereitschaft, die immer dann aktiviert wird, wenn Situationen oder Problemlagen nicht bewältigbar erscheinen"[24]. Die Sehnsucht nach Harmonie, Sicherheit und Geborgenheit ist gewiß die Kehrseite dieser apokalyptischen Politiksicht.

Wo liegen ihre Ursachen? Eine davon ist sicher die Freiheit von jeder existentiell bedeutsamen Negativerfahrung. Daß die Entspannung nicht in gleichem Maße war, was sie politisch vorgab zu sein, und daß das ökonomische Fundament der Republik verletzlich war, kam für viele Heranwachsende einem Schock gleich. Wer mehr überschaute als nur die siebziger Jahre, war mit den Grundbedingungen unserer Existenz und mit den Gefahrenpotentialen besser vertraut.

Angst ist jedoch längst kein Jugendphänomen mehr. Dieses deutsche Wort hat nicht zufällig Ende der siebziger Jahre als Fremdwort Eingang ins Französische und Englische gefunden, um eine diffuse, der Vernunft unzugängliche Betrachtungsweise zu bezeichnen. Klügere Erklärungen heben auf die rasante Beschleunigung des modernen Wirklichkeitswandels ab. Unsere Erfahrung veraltet beschleunigt; immer seltener wiederholt sich, was wir kennen, und immer öfter sind Situationen für uns neu und undurchschaubar. Zugleich machen wir Erfahrungen von der komplexen und globalen Wirklichkeit nicht mehr selbst, sondern kennen sie nur vom Hörensagen — vornehmlich aus den Medien. Je bedeutender dabei die Rolle der Wissenschaft wird, um so mehr müssen wir glauben. Odo Marquard, der diesen Gedankengang entwickelt hat, schließt daraus, so ließe sich sagen, auf einen Souveränitätsverlust des Zeitgenossen. Er sagt: Man wird durch diese Beschleunigungen nicht mehr erwachsen. Da Realitätsgehalte nicht mehr überprüft werden können, haben Fiktionen Konjunktur. Und da Kontinuität verlorengeht, wächst die Illusionsbereitschaft[25]. Damit scheinen tatsächlich wesentliche Ursachen und Faktoren der Stimmungsdemokratie erklärt, mehr als nur in Ansätzen auch die „Angstbereitschaft". Marquard bringt sie noch mit dem Negativitätsbedarf des Menschen in Verbindung, der als Mangelwesen auf ein gewisses Quantum an Widrigkeiten eingestellt sei. Dieses Grundbedürfnis an Angst richtet sich vor allem auf das, „das einem die Ängste erspart, just weil es einem die Ängste erspart: denn genau die real entpflichtete Angst macht sich auf die Suche nach Gelegenheiten, sie zu haben, und sie findet sie dann auch fast um jeden Preis: schließlich in der entwickelten Kultur selber"[26].

Die Kultur entlastet von Negativem. Aber diese Entlastung „disponiert zur Negativierung des Entlastenden"[27]. Kultureller Fortschritt, erst als Erleichterung und Entlastung begrüßt, dann selbstverständlich, wird nun umgedeutet und umerfahren als Erschwerung und Belastung. Das mag eine Bestandsaufnahme sein, erklärt aber noch nicht die offensichtlich spezifische deutsche Situation. Marquards Interpretation ist wohl, daß die Deutschen besondere Hemmungen entwickelt haben, „erwachsen zu werden", d. h., sich im beschleunigten Wandel zu behaupten.

Wie dem auch sei: Angst gilt als Tugend, als Ausweis besonderer Sensibilität, als Indiz gesteigerter menschlicher Qualitäten, als Beweis spezifischer Verantwortungsfähigkeit. Angst ist salonfähig und zum guten Ratgeber geworden. Politisch ist das weder hilfreich noch rational.

## *Gut und Böse: Politisierende Moral*

Angstbereitschaft verbindet sich mit rigorosem Moralismus. Die „Negativierung des Entlastenden" entsteht vor allem aus der Kritik am moralischen Versagen von Technik, Wissenschaft, Zivilisation. Es kommt nicht mehr auf Kompetenz an, sondern auf die manichäische Unterscheidung von Gut und Böse: also auf Gesinnung. Die Verfechter dieser Argumentation sind natürlich von keinem Zweifel angenagt, selbst auf der Seite des Guten zu stehen. Sie kennen auch ziemlich genau den Platz jeden Widerspruchs. Wie aber läßt sich jenseits eines relativ schmalen, von Grundwerten markierten Korridors jeweils konkret entscheiden, was moralisch ist und was unmoralisch?

Aus der Moral sind politisch kaum Handlungsanleitungen zu gewinnen; denn es gibt keine absoluten Maßstäbe[28]. Das Verhältnis von Moral und Politik ist ähnlich offen wie das von Politik und Religion: der moderne Staat akzeptiert unterschiedliche, moralische Maßstäbe. Von daher wirken unterschiedliche, moralisch begründete Positionen auf die politische Entscheidung ein: Die pazifistische Position ist moralisch; moralisch ist aber auch jene Gegenposition, die aus der Überzeugung, ein Land sei bedroht, folgert, Verteidigungsmittel seien nötig, um diese Bedrohung abzuwehren. Beide Positionen sind aber politisch widersprüchlich und bleiben unversöhnbar. Solange nicht *eine* Moral verbindlich gemacht wird, gibt es keinen eindeutigen moralischen Maßstab für politische Entscheidungen. Was bleibt dem Politiker angesichts moralisch begründeter Widersprüche? Er kann nur klug, qualifizierte Kompromisse suchend und in der Bereitschaft zur Verantwortung entscheiden. Rigorosität und Radikalität wären ein Angriff auf die Integration der offenen Gesellschaft. Derartige moralische Kritik ist daher oft nichts anderes als ein Versuch, die Funktion der modernen Politik — im Inneren Integration aus Pluralität — außer Kraft zu setzen.

Die aktuell anzutreffende moralische Politikbetrachtung neigt zu Radikalität. Sie neigt zur Delegitimierung jeden Widerspruchs. Sie verlangt eine Identität der individuellen und kollektiven Interessen[29] und knüpft von daher an die Tradition des deutschen Idealismus an; aber auch an die des Sozialismus: Der einzelne hat aufzugehen im Ganzen. Der moderne, liberale Staat folgt gegenteiligen Maximen. Er setzt das Individuum frei, vertraut freilich auch auf seine Befähigung zur Integration. Ausgangslage bleiben aber die eigenen Bedürfnisse. Deswegen zensiert der moderne Staat auch die Gesinnungen seiner Bürger nicht, geschweige denn, daß er sich anschickte, Gut und Böse im politischen Detail zu definieren. Diese Zumutung ist ein Rückschritt. Sie verfehlt die Grundlagen der Moderne.

Zutreffend weist Hermann Lübbe darauf hin, daß auch in concreto der Sinn der moralischen Empörung nicht ersichtlich ist[30]. Sie ist gegenstandslos, weil die uns bewegenden Probleme nicht Folgen von Unmoral und bösen Absichten sind. Vielmehr sind sie Nebenfolgen durchaus guter Absichten. Wissensdefizite, nicht Moraldefizite haben uns in unsere Situation gebracht: Defizite an Kenntnissen natürlicher und sozialer Wirkungszusammenhänge. Wir beherrschen die Komplexität der Dinge nicht immer. Folglich gilt es, die Probleme aufzuklären und rationale Antworten zu erteilen. Es geht nicht um Gesinnungsfragen. Die moralisierenden Ansätze umgehen lediglich diese Realität: „Der Kritiker dieses moralisch exaltierten Politikstils weiß natürlich auch nicht, ob dieser oder vielmehr jener Weg der einzig gangbare und daher moralisch zwingend gebotene sei. Aber da man doch immerhin einigermaßen gut wissen kann, daß eben das ganz genau niemand weiß, könnte man doch die ganze politische Auseinandersetzung um ihren hohen moralischen Dauerbegleitton kürzen; das würde der Prädisposition, wie man sie braucht, um zur Kenntnis des-

sen, was der Fall ist, uneingeschränkt fähig zu sein, zugute kommen[31]."
Wer sich nicht dazu versteigt, Moral exklusiv für sich zu reklamieren, wird zugeben, daß daran und an guten Absichten kein Mangel ist. Daher stößt die Forderung nach der großen moralischen Wende ins Leere. Sie bringt uns der Lösung keines unserer Probleme näher. Aber sie ist, wie die Angst, hervorragend dazu geeignet, Stimmungen zu erzeugen.

## *Gesinnungsethik und Chiliasmus*

Allerdings neigen moralisch besonders akzentuierte Positionen dazu, Exklusivität für sich zu beanspruchen, Gegenpositionen zu diskreditieren und zu delegitimieren. Moralität billigen sie nur sich allein zu. Solch akzentuierte Moralität beansprucht für sich auch Gewißheit. In die Politik einfallend, läßt sie sich auf die vielfältigen Spannungsfelder der Realität dort, auf ihre Multidimensionalität, auf die legitime Vielfalt der Zielvorstellungen und auf die Tugend der Kompromißbildung nicht ein. Im Gegenteil: Sie verurteilt geradezu die Ethik des Pluralismus, weil diese natürlich der Ausschließlichkeit des eigenen Zielentwurfs entgegenwirkt. Rigorose Moralität führt zu gesinnungsethischem Überschuß und zu rigider Gesinnungspolitik. Sie begründet eine fundamentale Alternative zum Pluralismus und zur Offenheit der politischen Willensbildung. Ihr Anspruch ist, mit einem Wort, Konflikte nicht zu regeln und in Kompromissen aufzulösen, sondern sie einzuebnen, und zwar dadurch einzuebnen, daß sie *ihre* politische Moral durch- und in allgemein verbindliche Entscheidungen umsetzt.

Frieden, Umwelt, Glück sind die Angelpunkte solcher Gesinnungspolitik geworden, in der für traditionelle thematische Orientierungen und — von der Methode her — nicht einmal mehr auf diesen aktuellen Politikfeldern Raum für nüchterne, nicht nur rigoros-idealistische Abwägungen bleibt. Klassische Politikfelder wie etwa die angesichts ihrer sozialen Dimension durchaus ethisch bedeutsame Aufgabe, wirtschaftliche Prosperität zu sichern, bleiben ausgeblendet, ohne daß sie dadurch wirklich auch ihre Relevanz verlören. Es ist, als ob es einen neuen Wachstumsrausch der immateriellen Güter gäbe, die überall, jederzeit und für jedermann verfügbar sein sollen. Daß Technik und Wissenschaft nicht alles Machbare machen dürfen, ist inzwischen ein ethischer Gemeinplatz. Aber in Vergessenheit geraten scheint zu sein, daß dem technisch-progressistischen Machbarkeitswahn in der Geschichte immer wieder gesinnungsethische Wahnvorstellungen vorausgegangen waren, die stets versuchten, Politik und staatliche Ordnung ihren perfektionistischen Vorstellungen vom Guten sowie ihren Glücks- und Heilserwartungen zu unterwerfen. Die Folgen für die Qualität menschlicher Existenz und Freiheit waren verheerend. Eine Antwort auf diese Folgen sind die gesinnungsethische Abstinenz und die weltanschauliche Neutralität des modernen Staates. Beiden widerstreitet die neue Vorstellung von Machbar- und Verfügbarkeit der heute favorisierten immateriellen Güter, beiden widerstreitet vor allem der durchgreifende Anspruch auf politische Verbindlichkeit *einer* Moralität.

Gesinnungspolitische Ansätze haben dazu geführt, daß in der Friedens- und Umweltpolitik, insbesondere in jenen ihrer Dimensionen, in welche die Kernenergie und mit ihr zugleich die tiefsten Ängste involviert

sind, politische und religiöse Argumentation vielfach eigentümliche Verbindungen eingehen. Dabei handelt es sich nicht nur um inbrünstigen Einsatz angesichts endzeitlicher Visionen, der bekenntnishafte Züge religiöser Ergriffenheit trägt, wie, um auf eigene Erfahrungen zu rekurrieren, auf Gesprächspodien durchaus zugegeben wird. Argumentatives Ringen ist dann nicht mehr sinnvoll: zum einen, weil dieses Eingeständnis mit der Befindlichkeit des Publikums großenteils übereinzustimmen scheint, zum andern, weil der Widerpart aus quasireligiöser Gewißheit spricht, ja verkündet und lebt — und folglich nicht mehr das Gespräch, sondern Glaubensbrüder sucht: Religionsersatz in einer säkularisierten Welt!
Aber das nicht allein. Darüber hinaus gibt es überraschend viele und deutliche Versuche, die Kirchen für diese politischen Positionen in Anspruch zu nehmen oder ihnen moralisch zu suggerieren, das Evangelium ließe ihnen keine andere Wahl: talargewandete Pastoren in Brokdorf und Mutlangen, Anti-Atom-Andachten vor Raketenstellungen und am Bauzaun von Großanlagen, dazu Versuche, den Ortsbischof zu vereinnahmen und zu nötigen „mit Verunglimpfungen, Bombendrohungen und Wandschmierereien“[32]. Ein Teil dieser Mittel und dieses Symbolgebrauchs diskreditiert sich selbst. Auch stehen sie in merkwürdigen Gegensatz zur um sich greifenden Entinstitutionalisierung der Religiosität. Zudem bleiben sie bisweilen thematisch ziemlich selektiv, denkt man etwa an die gern ausgesparte Abtreibungsproblematik. Sind diese Versuche also ernst gemeint? Aber auch für die, die es sind, gilt, daß jeder Versuch, die Autorität des kirchlichen Amtes allein für eine Seite in Anspruch zu nehmen, auf der wenig christlichen Obsession beruht, Glaube und Gewissensüberzeugung stünden nur auf

einer Seite – eben auf der eigenen. Dabei können Glaube und Gewissen durchaus zu individuell gegensätzlichen Positionen führen. Das kirchliche Amt trägt Verantwortung für *beide* Seiten.

„Atomarer Chiliasmus“[33] glaubt diese Spannung nicht mehr aushalten und Toleranz nicht mehr üben zu können. Er stört sich auch nicht daran, daß die erneute Vermischung von Religion und Politik das Religiöse politisieren und das Politische eschatologisieren muß. Im Gegenteil: Genau das ist sein Ziel, sobald die Einheit von Religion und Politik gefordert wird. In der Friedensdiskussion geschah dieser Rückfall mit der Behauptung, das folgenschwerste Schisma des Christentums sei „die Trennung von Religion und Politik“[34]. Franz Alt baute auf dieser (seiner) Behauptung seine gesamte, offenbar weitverbreitete Stimmungen zum Ausdruck bringende Argumentationskette auf und erhob den Anspruch, *die* Politik der Bergpredigt zu formulieren – eine politisch wie theologisch gleich unhaltbare Position[35]. In ihr spiegelt sich eine antimodernistische Rückwendung hinter Grundsätze des neuzeitlichen Verfassungsstaats und hinter moderne theologische Interpretationen des Verhältnisses von Politik und Religion. Der Protestantismus vertraute dieses Verhältnis eigentlich immer stärker dem individuellen Gewissen an als der Katholizismus. Aber auch dieser hat das Politische seit dem Zweiten Vatikanum ganz offiziell aus dem bestimmenden Zugriff der Amtskirche entlassen: Die Eigengesetzlichkeit des weltliche Klugheit erfordernden Politischen ist anerkannt. Es gibt keine politischen Patentrezepte „aus dem Glauben“. Vielmehr vermag die Orientierung an der christlichen Botschaft durchaus zu unterschiedlichen Urteilen und Lösungen zu führen.

Die Lehrmeinung gibt das Individuum politisch frei. Aber so rückschrittlich und falsch die neointegralistische Position ist, so attraktiv erscheint sie offenbar der ökopazifistischen Bewegung. Denn sie scheint einen Weg aus dem Katastrophenszenario, aus Angst und Untergangsgefahr zu weisen, indem sie zur Umkehr und zur Rettung aufruft: mittels eines neuen Glaubens, eines neuen Menschen und einer aus beiden zu entwickelnden neuen Politik. Die Wahrheit ist gewußt. Und die „Propheten in den Kirchen müssen sich zusammentun mit den Weisen in der Wissenschaft, um den Visionären in der Politik Mut zu machen"[36]. Propheten, Weise, Visionäre: ausgeblendet bleibt jedes rationale und realitätsorientierte Kalkül. Das hindert nicht an einem umfassenden Wahrheitsanspruch. Es macht ihn geradezu erst möglich.

Genau hier liegt die strukturelle Verwandtschaft dieses religiösen Erweckungsansatzes zu den um sich greifenden politischen Wahrheitsoptionen, auch soweit sie nicht die Politik zur Magd der Theologie degradieren wollen. Sie sind nur ein profanisierter Ausdruck innerweltlicher Heils- und Erlösungsgewißheit. Gerade die Konjunktur fundamentalistischer Ansätze zeigt, daß es sich bei diesen Wahrheitsoptionen zumindest partiell „inzwischen um säkularisierte ‚Religiosität ins Diesseits' handelt"[37] und damit um die Rückkehr wenigstens der Struktur nach religiöser Gewißheit in die Politik: Kreuzzugsmentalität, wo es eigentlich nur um eine Auseinandersetzung zwischen verschiedenen Begründbarkeiten geht. Die einen behandeln öffentliche Angelegenheiten mit „sektenhafter Unerbittlichkeit", während die Mehrheit sich im System eingerichtet hat. Erwin K. Scheuch klassifiziert dieses „Nebeneinander zweier völlig verschiedener Befindlichkeiten" als den vielleicht wichtigsten Wandel der letzten beiden Jahrzehnte und fügt hinzu: „In den Kirchen war die Religiosität besser aufgehoben, als sie es jetzt ist![38]"

Wieso trifft das zu? Zunächst, weil die Kirchen historisch seit langem die Grenzen gezogen und respektiert haben: Biblische Zukunftsverheißungen vorwegzunehmen, Welt und Menschen mit politischen Mitteln zu vollenden, kurz: das Paradies auf Erden zu schaffen liegt außerhalb ihrer theologischen Reflexion. Sie sind weit von dem Anspruch entfernt, Freiheit, Gerechtigkeit und Frieden schlechthin verwirklicht sehen zu können. Immer gibt es nur Annäherungen, Ermöglichungen, Orientierungen. Jeder Fortschritt ist verbesserungsbedürftig, bleibt hinter der denkbaren Vollendung zurück und ist gefährdet, d. h., die Theologie weiß, daß es in der Politik um die Bedingungen des Zusammenlebens in der Vorläufigkeit der geschichtlichen Welt geht.

Irdische Heilsbewegungen wissen genau dies nicht. Das ist der zweite Grund dafür, daß Religiosität in der Tat besser bei den Kirchen aufgehoben bliebe, statt daß sie politisch zu vagabundieren beginnt. Denn in Geschichte und Gegenwart waren und sind jene politischen Systeme die inhumansten, die glaubten und glauben, Heilsgewißheiten und Wahrheitsansprüche in Realität umsetzen zu müssen. Sich an den Sternen nicht orientieren, sondern sie vom Himmel holen zu wollen, bedeutet, daß religiöse und pseudoreligiöse Bedürfnisse, Idealismus und Vollkommenheitswahn in die Politik einbrechen im Gehabe innerweltlicher Erlösung von existentiellen Herausforderungen. Die Neuzeit, nicht zuletzt auch das 20. Jahrhundert, ist von dieser Versuchung öfter heimgesucht worden. Totalitäre Bewegungen unterliegen ihr strukturell —

oder Bewegungen, die ihr erliegen, werden notwendigerweise totalitär. Denn wo das Ziel und die Vollkommenheit unverrückbar gekannt werden, gibt es keine offene Willensbildung mehr, sondern nur einen Entscheidungsprozeß, in dem das „Schwert" eines unbeugsamen und zielgerichteten Willens regiert. Geschichte und Gegenwart, und zwar geschichtsphilosophisch totalitäre wie religiös-fundamentalistische, lehren, daß es beim scharfen Wort nicht bleibt. Vielmehr legitimiert sich aus der Mischung von apokalyptischer Vision und innerweltlicher Erlösungssucht die Gewalt gegen die abweichende Meinung. Nicht Gewißheit, sondern Pluralität, Unvollkommenheit und Offenheit — kurz: Politik unter dem Risiko bewahren uns Freiheit und Humanität.

Woran liegt es, daß diese vielfach diskutierten und längst aufgeklärten Zusammenhänge heute in Vergessenheit geraten; daß Ängste und Stimmungen sie in den Hintergrund drängen und nach traditionellen Erlösungsstrategien rufen; daß die gesellschaftliche und politische Pluralität herausgefordert werden; daß im Strudel der Gefühle und Stimmungen über den Kern der Bewegungen hinaus die institutionellen und das heißt, die erfahrungs-, kontinuitäts-, kompetenz- und freiheitssichernden Aspekte des Politischen unterzugehen scheinen? Es gibt über die hier höchst unvollkommen skizzierten Strömungen und Entwicklungen hinaus noch andere, die zum Teil auch faßbarer erscheinen, die aber doch mit der hier beschriebenen Ausgangslage in enger Verbindung stehen. Denn die Stimmungen wären vielleicht nicht so tragfähig ohne den Wertwandel, der uns verstärkten Individualismus beschert hat, die antiinstitutionellen Affekte wären nicht so wirkmächtig ohne die dezidierte neue Spontaneität, und alles würde vielleicht mit geringerer Beschleunigung und Intensität auf uns einstürzen ohne die Eigengesetzlichkeit der Massenmedien mit ihren wirklichkeitskonstruktivistischen Tendenzen.

## Gefühl statt Politik? Der Wertwandel und seine Folgen

Der Stil emotionalisierender Wahlkampagnen begann bei uns Mitte der sechziger Jahre. Zum gleichen Zeitpunkt setzte in der Wertausstattung breiter Teile der Bevölkerung ein komplexer Veränderungsschub ein, der auch die Einstellungen zur Politik, die Sicht des Politischen und politische Verhaltensweisen betraf.

Was ist daran brisant? Sicher nicht der Wertwandel an sich. Denn wir sind gemeinhin stolz auf die Wandlungsoffenheit unseres Systems im Vergleich zu den Verkrustungen anderswo. Aber wir dürfen dann nicht zugleich hoffen, daß sich nichts ändert. Für die damals einsetzende Materialismus- und Konsumkritik, auch für die heute zumindest sektoral um sich greifende Akzeptanzkrise der industriellen Hochzivilisation gibt es respektable Gründe. Keineswegs alle alternativen Zielprojektionen stehen grundsätzlich im Gegensatz zu herkömmlichen Orientierungen. Dies gilt etwa für die gewachsene Sensibilität gegenüber möglichen schädlichen Folgen der technisch-ökonomischen Entwicklung oder für den gesteigerten Bedarf an politischer Mitbestimmung. Und nicht jede Frage an das politische System und an politische Autoritäten ist schon ein Ausdruck antidemokratischer Gesinnung; solche Fragen können durchaus auch demokratischer Skepsis entspringen.

Auch sind keineswegs alle aktuellen Entwicklungen im engeren Sinn politisch. Dennoch entfalten sie politische Wirkung. Zum Beispiel erscheint die narzistisch-hedonistische Strömung — also das Lustprinzip — aufgrund ihres privatistischen Charakters als gesellschaftliches Gestaltungsprinzip höchst untauglich; denn die „Tyrannei der Intimität" führt zum Verfall des öffentlichen Lebens[39]. Ähnlich verhält es sich mit der wachsenden Distanz zur Rationalität und der neuen Betonung des Gefühls und auch der Angst, die nicht nur als Ausweis besonderer Qualität des Menschseins, sondern auch als Ausweis von Modernität gilt, während sie doch Struktur- und Steuerungsprinzipien der modernen Gesellschaft entschieden widerstreitet.

## *Eine „stille Revolution"?*

Die Befunde scheinen nicht frei von Widersprüchen — Partizipation *und* Privatismus zum Beispiel. Ihre trennscharfe Einordnung bereitet Schwierigkeiten. Darüber hinaus wandeln sich auch diese Befunde, da Zeiten und Medien Meinungen und Einstellungen rasch zu verändern scheinen — wenigstens global und statistisch betrachtet. So unterscheidet sich Jugend '85 von Jugend '81 hinsichtlich der Zufriedenheit mit ihren Lebensumständen und dem politischen System sowie ihrer Einstellung zu Zukunft, Arbeit, Leistung und zu materiellen Gütern schon wieder konventionell[40].

Brisanz birgt dagegen das Erklärungsmodell von der „stillen Revolution", das der in Princeton lehrende Ronald Inglehart in die Diskussion entlassen hat[41]. Es trifft zunehmend auf Kritik, obgleich es einen säkularen Trend zutreffend erkennt: Die neue Attraktivität „postmaterialistischer" Orientierungen, die aus der weitgehenden Sättigung der materiellen Bedürfnisse erwächst. Dieses neue Wertprofil bilden ideelle Werte und Zielsetzungen wie persönliche Selbstverwirklichung, Mitwirkung an Entscheidungsprozessen, Lebensqualität, Sicherung der natürlichen Lebensgrundlagen und so fort. Dagegen treten materielle Orientierungen wie wirtschaftliche Stabilität, Einkommen, Besitz, Tradition und Ordnung nicht nur zurück, die „stille Revolution" als Konzept besteht vielmehr darin, daß diese Orientierungen in einem kontinuierlichen undramatischen Prozeß des Wertwandels gänzlich abgelöst werden, während die postmateriellen Verhaltensmuster allgemeine Verbindlichkeit gewinnen.

Nun ist es im Grunde nicht einsichtig, warum eine gewiß spannungsreiche Synthese beider Orientierungen nicht möglich und angestrebt sein soll. Sie würde sicher dem allgemeinen Konsens eher entsprechen als eindimensionale Optionen — und es spricht auch in der Praxis viel dafür, daß „alte" und „neue" Werte (wie neu sind sie wirklich?) „bei der Mehrheit der Bundesbürger eine Art widersprüchliche Wertharmonie bilden"[42]. Tatsächlich gibt es neben dem Wertverlust und dem Wertumsturz diese Synthese auch, und es lassen sich in der Gesellschaft Gruppen finden, die diesen Kategorien zugeordnet werden können.

Aber der Determinismus der „stillen Revolution" läßt diesen Spannungsbogen nicht zu, weil sein historisches Ziel feststeht. Für Inglehart sind Menschen, die materialistische und postmaterialistische Werte in sich vereinigen, nur Misch- und Übergangstypen — dazu verdammt, sich letztlich doch für den Postmaterialismus zu entscheiden. Damit ist bereits im Konzept „die gesinnungsbehaftete Verabsolutierung eines bestimmten Strangs der Entwicklungs- und Veränderungsrealität"[43] perfekt. Das heißt, es wird gesinnungs- und ideologieanfällig. Daraus entstehen zwei bedenkliche Folgen: Zum einen gerät die „stille Revolution" zu einem lautstarken und konfliktträchtigen Ereignis, wenn sich — wie zu erwarten — die Wirklichkeit der Theorie nicht unterwirft und sich unversöhnbare Wertkonzepte gegenüberstehen. Die bewußten Träger des neuen Werteprofils befördern diesen Konflikt, indem sie traditionelle Orientierungen zu Unwerten erklären, die Platz zu machen hätten für die Alleinherrschaft des Neuen, das Anspruch auf Verbindlichkeit anmeldet. Verlangt wird der förmliche Bruch mit der alten und eine ausschließliche Richtungsentscheidung zugunsten einer neuen Werthierarchie, die sich nicht ausbalancieren lassen soll. Es gibt nur ein Für oder ein Gegen sie. Zum anderen besteht die Gefahr, daß sich klassischen Politikfeldern keine Aufmerksamkeit mehr zuwendet, weil sie überholt und ohne Zukunft scheinen. Die Träger neuer Wertprofile vernachlässigen wirtschaftliche Prosperität als Ziel und Wirtschaftspolitik als Aufgabe. Dabei kann sich jede Gesellschaft ideell nur so weit vorwagen, wie der materielle Boden trägt. So aber löst sich der Wertehimmel gleichsam aus seiner irdischen Verankerung. Stimmungen werden frei, die konkrete Politik kaum realisieren kann, es sei denn um den Preis der Zerstörung ihrer handfest materiellen Grundlagen. Für Illusionen findet sich nur schwer ein ausgeglichener Etat. Außerdem verstellen sie den Blick auf das Konkrete, auf die mühselige politische Detailarbeit.

Der Wertwandel gestaltete sich anders und breiter, als das Konzept der „stillen Revolution“ meint. Wilhelm Bürklin, Politikwissenschaftler in Kiel, schlägt daher zur Kennzeichnung der Grundpositionen das Begriffspaar Idealismus und Realismus vor[44] — und kehrt damit unmittelbar zu Max Webers Unterscheidung von Gesinnungs- und Verantwortungsethik zurück. Der Realist betont die Anerkennung der Fakten und die vernunftbezogene Analyse ihrer Ursachen und Folgen; den Idealisten interessiert mehr die Zu-

kunft, und er fragt nicht danach, inwieweit seine Grundsätze den Realitäten angemessen sind.
Die Stimmungsdemokratie ist ein Gehäuse für Idealisten, welche die klassische Sicht des Politischen nicht teilen und zugleich andere thematische Prioritäten setzen. Sie ist zudem ein Haus für die junge Generation, die seit 1961 auf der Realismus-Idealismus-Dimension einen immer größeren Abstand zwischen sich und die Älteren legt. Und sie ist ein Unterschlupf für unkonventionell-offensives politisches Verhalten — also für ein Partizipationsbegehren, das sich gerne der neuen Protesttechniken bedient und den Anschluß an die überkommenen Institutionen und Verfahren nicht schafft. Damit wird deutlich, daß die Stimmungsdemokratie, die sich um diese Strömung herumbaut, sich nicht so ohne weiteres unter das Dach der parlamentarischen Demokratie duckt.

## *Der neue Trend: Selbstentfaltung*

Aber die Erklärungskraft der Gegensatzpaare Materialismus/Postmaterialismus und Realismus/Idealismus reicht nicht weit genug, obwohl sie auf wichtige Aspekte hinweist. In Verbindung mit der hohen Zustimmung, welche die neuen Orientierungen in der jüngeren Generation finden, verführen diese Begriffspaare zudem zu der Annahme, die Gesellschaft befinde sich in unaufhaltsamer Entwicklung zu neuen Ufern der Modernität, an denen von den alten Orientierungen letztlich nichts mehr liegen wird. Diese Annahme ist falsch. Der Wertwandelschub ist zum Stillstand gekommen. Aber er hat eine veränderte soziale Landschaft hinterlassen.

Inwiefern betrifft diese Änderung über die Abnahme materieller Orientierungen — immerhin auf einem hohen Niveau des Wohlstands und der sozialen Sicherheit — und die Zunahme idealistischer Sichtweisen hinaus die Politik konkret?
Helmut Klages, der in Deutschland die differenziertesten Forschungen zu diesem Thema angestellt hat, weiß eine Antwort auf diese Frage: In der gesamten Bevölkerung haben „Pflicht- und Akzeptanzwerte" ab-, „Selbstentfaltungswerte" aber zugenommen. Die Einbrüche betreffen so geschichtsträchtige Tugenden wie Disziplin, Gehorsam, Bescheidenheit, Treue und Pflichterfüllung, kurz: nahezu alle Indikatoren für Selbstkontrolle und Selbstbeherrschung[45]. Hier liegt das Zentrum des Werteschwundes, und hier liegen auch die Gründe für die zunehmenden Schwierigkeiten, politische Entscheidungen tatsächlich durchzusetzen. Denn dem Schwund dieser traditionellen Orientierungen entspricht ein Schwund der Bereitschaft zur Hinnahme von Autoritäten, sozialen Konventionen und zur routinemäßigen Fügsamkeit. Es scheint, zumindest signalisieren es Umfragedaten[46], als ob die deutsche Bevölkerung das Mißtrauen gegenüber jeglicher Form von Autorität verinnerlicht hätte, abweichend von den amerikanischen und europäischen Nachbarn. Um kein Mißverständnis aufkommen zu lassen: Die Exzesse dieser Orientierungen in der deutschen Tradition sollen keineswegs verteidigt werden. Aber die Demokratie ist nicht nur ein Modus der Partizipation. Sie ist notwendigerweise auch Herrschaftsordnung. Es muß entschieden, es müssen Probleme gelöst werden. Aber diese Herrschaftsordnung ist von besonderer Qualität. Genau dies, ihre besondere Qualität, gerät in Vergessenheit, wenn der parlamentarischen Demokratie mit einer Haltung begegnet wird,

die im Obrigkeitsstaat durchaus angemessen wäre. Damals fanden die Deutschen nicht zu dieser Haltung. Heute ist sie wohlfeil. Aber sie verfehlt unsere verfassungspolitischen Grundlagen. Sie gewinnt geradezu absurde Züge, wenn z. B. ein Widerstandsrecht gegen die „vorgefundenen Gewaltverhältnisse des Rechtsstaats“ [47] gefordert wird.

Beißend und zutreffend ironisiert Isensee den Typus des „nachträglichen Widerstandskämpfers“, den die jahrtausendealte Geschichte des Widerstandsrechts bisher nicht gekannt hat: „Er kämpft gegen den Unrechtsstaat Hitlers aus sicherer historischer Distanz, vom bequemen Unterstand einer rechtsstaatlichen Verfassung. Er zielt auf die nationalsozialistische Herrschaft, aber er trifft auf die parlamentarische Demokratie des Grundgesetzes [48].“ Und er läuft kein Risiko, weil seine Widersacher, Polizei und Justiz, rechtsstaatlich gezähmt sind.

Rechtsstaatliche Ordnung ist bekanntlich eine unabdingbare Voraussetzung für die Entfaltung von Freiheit. Die „Selbstentfaltungswerte“ können sich, realistisch betrachtet und sozialverträglich eingeschätzt, nur in ihrem Rahmen verwirklichen. Welche Werte sind auf dem Vormarsch? Es lassen sich nennen: Emanzipation, Partizipation, Autonomie (des einzelnen), oder: Genuß, Abenteuer, Spannung, Abwechslung, das Ausleben emotionaler Bedürfnisse, oder: Kreativität, Spontaneität, Selbstverwirklichung, Ungebundenheit und Eigenständigkeit.

Um auch hier kein Mißverständnis aufkommen zu lassen: Vieles davon (nicht alles) entspricht dem demokratischen Credo des selbstverantwortlichen Staatsbürgers. Aber die Verabsolutierung sprengt jede politische Ordnung und Integration. Die alte Frage nach dem Verhältnis von Freiheit und Ordnung wird nun von autonomen Positionen aus neu gestellt. Manche dieser Orientierungen scheinen mit Politik auf den ersten Blick wenig zu tun zu haben wie das Ausleben emotionaler Bedürfnisse oder auch Spontaneität. Aber diese Sicht ist fast schon überholt. Denn genau mit diesen Haltungen finden heute Annäherungen an die Politik statt, welche das überkommene Politikverständnis im Kern verändern. Die Stimmungsdemokratie erwächst aus Orientierungen, die vor kurzem noch als unpolitisch galten.

## *Zwischen Traditionalismus und Modernismus: Der aufgeklärte Bürger*

Ziehen wir eine Zwischenbilanz: Postmaterialismus, Idealismus und Selbstverwirklichung bezeichnen die Orientierungspunkte des Wertwandels. Sie betreffen die Themenstruktur, die Betrachtungsweise und die Mitwirkungsdimension der Politik. Wo sie in Personen oder Parteien zusammenfallen, begründen sie ein Profil, das mit traditionellen Wertorientierungen erheblich kontrastiert. Unsere politische Kultur durchzieht also durchaus eine Bruchlinie, jenseits derer wenigstens mental eine andere Republik liegt. Dort liegt auch die Brisanz unseres Themas.

Aber diese beiden Kontrastgruppen bilden unsere Wirklichkeit nicht allein. Der Wertwandel hat nicht nur Traditionalisten und potentiell aufmüpfige Modernisten hervorgebracht. Es gibt keinen Entscheidungszwang und erst recht kein feststehendes eindimensionales Entwicklungsziel. Vielmehr gibt es in der Bevölkerung auch Gruppen, die es z. B. schaffen, Selbstverwirklichungs- und Pflicht- und Akzeptanzwerte verhältnismäßig widerspruchslos zu vereinigen und zu harmonisieren. Sie nehmen sich gleichsam aus beiden Wertbereichen die guten Eigenschaften heraus. Sie sind also zur Einfügung in die politische Ordnung ebenso fähig und bereit wie zum kritischen politischen Engagement. Interesse und Konfliktbereitschaft paaren sich jedoch nicht mit Militanz, durchaus aber mit einem hohen Anspruch an Werterfüllung: selbstbewußte, keineswegs bequeme, aber stets kooperative Bürger. Klages schreibt: „Sie sind ebenso politisch interessiert wie auch familien- und berufsorientiert. Sie sind ebenso zur Respektierung von Gesetz und Ordnung wie auch zur Verteidigung ihrer Rechte und Interessen und zur Innovation in allen Lebensbereichen disponiert. Sie sind darüber hinaus ebenso ‚stark' im Bereich des Denkens, Urteilens und Meinens wie auch im Bereich des alltäglich-praktischen Handelns. Es handelt sich bei dieser Gruppe, mit einem Wort, tendenziell um denjenigen ‚mündigen Staatsbürger' konstruktiver Art, den die Demokratietheorie seit langem postuliert hat und den man – unter dem Eindruck eines scheinbar alles beherrschenden Schismas zwischen den stillen Rückständigen und den aufmüpfigen, schwer integrierbaren Progressiven – in letzter Zeit bereits vielfach als bloße Utopie abzuschreiben bereit war[49]."

Diese Gruppe ist in der Bevölkerung keineswegs kleiner als jene, die zu neuen Ufern aufgebrochen ist. Nimmt man die Träger traditioneller Orientierungen noch hinzu, muß das neue Wertprofil ebensowenig unser Schicksal sein wie die Stimmungsdemokratie. Aber es wäre dann wichtig, daß die Politik das ganze gesellschaftliche Spektrum ins Auge faßt und ihrerseits die Kraft zur Synthese alter und neuer Orientierungen aufbringt, für die es in der Gesellschaft selbst Anzeichen gibt. Gefordert ist nicht die Kraft bloßer

Beharrung. Gefordert ist die Kraft zukunftsoffener Selbstbehauptung.

### *Vertrauensverlust, Entpolitisierung, Selbstgewißheit: Drei Herausforderungen*

Wer diese Kraft aufbringen will, muß die Herausforderungen kennen, die von der veränderungswilligen Minderheit ausgehen. Diese Herausforderungen seien nun in drei Dimensionen wenigstens noch skizziert.
Die erste Dimension ist das Mißtrauen als auslösender Faktor politischer Aktivität: Die Träger der Selbstentfaltungswerte — die Wertmodernisten — bringen dem demokratischen Staat kein generelles Grundvertrauen, keine Vermutung moralischer Kompetenz, keine Zufriedenheit und wenig Sympathie entgegen, zumindest nicht jenes Ausmaß an Sympathie, das sie von der Mitwirkung am Gemeinwesen dispensierte. Ihnen fehlt der diffuse Legitimitätsglaube, der den Unpolitischen kennzeichnet. Der Vertrauensverlust trifft die demokratischen Institutionen — wie Parlament, Regierung, Armee, Justiz. Er trifft auch die großen gesellschaftlichen Organisationen wie Kirchen und Gewerkschaften. Mit ihm verbindet sich eine Geringschätzung der Politiker und der Parteien, die als Teil der staatlichen Ordnung gesehen werden. An ihr interessiert nur die Chance zur Selbstentfaltung, während offensichtlich kein Sensus für die verfassungsrechtliche Sicherung dieser Freiheiten besteht.
Dem entsprechen die bevorzugten Methoden politischer Partizipation, welche Distanz zum Staat ausdrücken oder sich zumindest so interpretieren lassen. Ein Beispiel dafür ist die Deutung des konventionellen Demonstrationsrechts als „Widerstand". Vorbehalte

bestehen gegen organisatorische Einbindungen, die ja ein Pflichtenethos voraussetzen. Bevorzugt werden die flüchtigen Formen politischen Handelns, die natürlich für Stimmungen erheblich offener sind als formale Verfahren. Politische Aktivität gehört zur Dauerdisposition dieser Gruppe. Motiviert wird sie durch Mißtrauen gegenüber den Institutionen und gegenüber der Politik der parlamentarischen Demokratie. Sie schließt die Bereitschaft zu Aktionen ein, „die gegebenenfalls die Schamgrenze bürgerlicher Wohlanständigkeit überschreiten"[50]. Dieser aus dem Mißtrauen geborene neue Aktivismus ist ein Protestphänomen gegen einen imaginären Gegner — gegen die parlamentarische Demokratie — und eine neue Form im Grunde unpolitischer Zuwendung zur Politik.
Damit ist die zweite Dimension bereits erreicht: die Entpolitisierung des Politischen. Dahinter steckt vielleicht noch mehr Veränderungspotential als bei der Umgehung der politischen Institutionen. Denn zunehmend werden Privates und Persönliches politisch verstanden. Ein einigermaßen präziser, auf die Entscheidung der öffentlichen Angelegenheiten ausgerichteter Politikbegriff verschwindet. Bislang Unpolitisches wird zur Politik, die Politik selbst lediglich zu einem „besonderen Intensitätsgrad alltäglicher Gefühle" (A. Kluge).
Es geht um den Ersatz „harter" politischer Orientierungen und Verhaltensweisen durch „weiche" Orientierungen. Es geht um die Herauslösung der Politik aus ihrer bisherigen thematischen Struktur und ihrem institutionellen Rahmen. Sie soll ihr gestaltendes und begründendes Prinzip in der „Lebensweise" finden: Konkretheit, Anschaulichkeit, Gemeinschaftsgefühl. Der neue Politikbegriff bezieht sein Selbstverständnis aus dem Lebensgefühl, aus psychischen und psychoso-

zialen Problemlagen[51], kurz aus Stimmungen. Daß der vielberufene Dialog zwischen Politik und Jugend nicht klappt, daß selbst politisch interessierte Jugendliche die Politiker als Gesprächspartner und die politischen Arenen als Gesprächsort nicht suchen, liegt vor allem daran, daß Politiker über Politik zu reden und entsprechend zu handeln pflegen, während das neue Politikverständnis auf Menschlichkeit und Lebensgefühl ausweicht oder sogar schlicht Liebe in die Welt zu tragen sucht — und dies für politisch, die Mitarbeit in Parteien und Bürgerinitiativen aber für unwichtig hält[52]. Funktions- und Entscheidungsfähigkeit des Staates liegen gänzlich außerhalb dieses Horizonts. Aber die Stimmungsdemokratie findet in der Politisierung der Lebensgefühle ihren entscheidenden Ansatzpunkt.

Die dritte herausfordernde Dimension liegt in einer bis zur politischen Wahrheitsoption gesteigerten Selbstgewißheit, die ein bestimmtes Lebensgefühl explizit gegen das politische System wendet. Dessen Legitimität soll offensichtlich nicht mehr nur auf einen schmalen Grundkonsens gegründet werden, sondern auf eine im Detail als einzig „richtig" empfundene Politik. Unbescheiden wird postuliert, daß der „Einspruch unbeugsamer Minoritäten wider das gültige Fortschritts- und Zivilisationsprogramm" *sich* zur Aufgabe stelle, was doch Aufgabe der vielen sein sollte: „Die Rettung der Natur und der Menschheit." Es heißt: „Von dieser überragenden Zielbenennung her fügt sich ihnen auf wunderbare Weise auch die Welt des Politischen wieder zu einem sinnvollen Kosmos mit eigenen Gravitationsgesetzen, ohne die politische Urteile ebenso wie moralische Verdikte ziel- und richtungslos bleiben. Gewiß: Sie leben motivationspsychologisch von der Schubkraft des Apokalypti-

schen, von der Faszination der totalen Revolte ..."
Allein das Offenhalten der Komplexität des Politischen, das Offenhalten von Alternativen zu einer Weltvergewisserung aus einem Guß, begründet im Selbstverständnis dieser „unbeugsamen Minoritäten" „Grundkonflikte, die nicht befriedbar, Wertkonflikte, die nicht kompromißfähig sind". Deutlich wird uns mitgeteilt, es gehe nicht um ein parteitaktisches Wechselspiel oder um den Wettbewerb zwischen Regierung und Opposition. Vielmehr gehe es um die „themenpolitische Rangfolge auf der historischen Tagesordnung": Es geht also ums Ganze. Jeden Widerspruch gegen die aus solchen Wahrheitsoptionen abzuleitende Politik „gilt es mit dem Schwerte der unzweideutigen politischen Prioritätsentscheidung aufzulösen"[53].

Die eigenen Gravitationsgesetze, die hier beschworen werden, verschieben fundamental die Gravitationsgesetze der pluralistischen Demokratie, die für den Einspruch gegen jedes politische Programm offen ist. Wo nur *eine* Weltsicht erlaubt sein soll, verflüchtigt sich mit dem Recht auf abweichende Meinung auch die Freiheit. Nicht auf die hehren Motive kommt es an, sondern auf die Struktur des Denkens. Wer allen Ernstes von sich behauptet, Umwelt- und Lebensrechte allein und neu entdeckt zu haben, den müssen Stimmungen von der politischen Realität fortgerissen haben: Das Lebensrecht ist seit je der Kern unseres Grundkonsenses. Aber zu seiner Verwirklichung gibt es unterschiedliche Wege — und nicht nur einen, der sich selbst sogleich schon zum Ziel hochstilisiert.

Karl-Dietrich Bracher warnt zu Recht vor einer neuen Zeit der Ideologien, in der „pseudoreligiöse Bedürfnisse, Idealismus und Vollkommenheitswahn"[54] in die moderne Demokratie einzubrechen drohen, im Gehabe innerweltlicher Erlösung von existentiellen Herausforderungen: Vielleicht wäre dies die rationalitätsentleerte Perfektionierung der Stimmungsdemokratie. Die Gefahren sind bekannt. Kein Wertwandel bei lautstarken Minderheiten darf dazu nötigen, sich ihnen auszusetzen. Aus diesem Grund entsteht die Forderung nach zukunftsoffener Selbstbehauptung der Politik im Rahmen der parlamentarischen Demokratie.

## Mißtrauen gegen Institutionen: Spontane Selbstbestimmung als Alternative?

Auf dem Höhepunkt der Auseinandersetzung um die Nachrüstung versammelten sich auf den Rheinwiesen gegenüber dem Bonner Regierungsviertel Hunderttausende. Von den starken Worten, die dort fielen, bleiben nur die im Gedächtnis, die der damalige Geschäftsführer des Bundesverbandes Bürgerinitiativen Umweltschutz (BBU), Jo Leinen, sprach: „Wenn die Politiker nicht sehr schnell lernen, uns ernstzunehmen, dann werden wir dies Land unregierbar machen . . .“

### *Elitäres Bewußtsein: Demokratie zum Selbermachen*

Das Mißtrauen, aus welchem politische Aktivität heute so oft hervorgeht, wird in diesen Worten greifbar. Greifbar wird aber auch die Tendenz, die Dinge selbst in die Hand zu nehmen – ein Ausdruck des Anspruchs auf möglichst unmittelbare politische Selbstverwirklichung und Selbstentfaltung, der die Träger des neuen Wertprofils charakterisiert. Mißtrauische Aktivität und Autonomie, beides zeigt, daß aktive Minderheiten heute die konventionellen Formen politischer Willensbildung in Zweifel ziehen. Denn das Mißtrauen richtet sich gegen die Institutionen und Verfahrensweisen der parlamentarischen Demokratie. Es richtet sich auch gegen die immerhin vom Volk gewählten Abgeordneten. Die Forderung nach Autonomie, Selbstverwirklichung, drückt sich ja geradezu in der Ablehnung der „Stellvertreterpolitik“ aus, als die sich die repräsentative Demokratie bezeichnet sieht. Wir können also nicht davon ausgehen, daß in diesem neuen Aktivismus eine späte Aneignung der Mitwirkungsrechte des Grundgesetzes zum Ausdruck kommt. Auch die gibt es, gewiß. Und das Grundgesetz ist darüber hinaus für sehr viele Beteiligungsformen offen, die auf den ersten Blick als unkonventionell erscheinen mögen. Aber die Drohung, das Land unregierbar machen zu wollen, besagt mehr. Die, die sie aussprechen, kündigen — sich in unüberbrückbaren Wertkonflikten mit der „etablierten" Politik wähnend — den Verfahrenskonsens und auch den Ordnungskonsens auf. Das Gefühl greift um sich, Verfahrensregeln und Institutionen, welche der Durchsetzung des unausweichlich als politisch richtig Erkannten hier und heute im Wege stehen, müßten auf die Seite gerückt werden. Denn qualitative Minderheiten — das ist ein Fremdwort für den Besitzanspruch auf exklusive Wahrheit in der Politik —, für die ein stärkeres Gewicht gefordert wird als für quantitative Mehrheiten [55], können dieses Gewicht ja nur erhalten, wenn sie Verfahren und Verfassungsinstitutionen ihren Interessen unterwerfen. Darin liegt keine Aneignung der parlamentarischen Demokratie, sondern ein Mißverständnis und eine Uminterpretation ihrer Prinzipien: Demokratie als Staatsform zum Selbermachen und als Selbstentscheidung, statt als institutionell gefügte, rechtlich geformte, legitime und demokratische Herrschaftsordnung, offen für Partizipation. Im Klartext: Demokratie zur Selbstentfaltung von selbsternannten Werteliten, in unserer konkreten Diskussion: Demokratie für Wertmodernisten; Demokratie aber nicht für die Vertreter abweichender Positionen, etwa Werttraditionalisten, die vielleicht das Argument der größeren Zahl in die Waagschale werfen können, aber doch als zu leicht befunden werden, da ihnen das „richtige" Bewußtsein fehlt.

Der moderne demokratische Staat zensiert aber das Bewußtsein seiner Bürger nicht. Er zählt die Stimmen, statt sie zu wiegen. Da hilft auch nicht die Berufung auf Schillers Demetrius, wo die umgekehrte Ansicht gilt. Der moderne Staat macht Schillers romantisch-elitäre Verklärung nicht mit: Er bleibt der politischen Gleichheit und grundlegenden Werten verpflichtet, aber nicht einer weltanschaulichen Politiksicht aus einem Guß. Weil Freiheit und Partizipation nicht nur für einzelne oder bestimmte Gruppen, sondern für alle gelten sollen, sichert die liberale Demokratie den Pluralismus durch förmliche Institutionen und Verfahren ab, in denen dieser Pluralismus vertreten sein, sich zeigen und ausdrücken kann. Im Wir-Gefühl der Gemeinschaftsaktion, in der Massensuggestion der Großdemonstration, kurz: in Emotionen und Stimmungen geht offensichtlich rasch die Einsicht verloren, daß Demokratie nicht auf autonomer Selbstentfaltung, sondern auf der Freiheit der Andersdenkenden beruht — egal, wie sympathisch uns der Andersdenkende und wie richtig oder falsch uns seine Gedanken erscheinen mögen. Jo Leinens Sätze auf den Bonner Rheinwiesen zeigen, wie leicht in hochgeputschten Emotionen, wie schnell in der Stimmungsdemokratie nicht nur die politische Rationalität, sondern sogar fundamentale Zusammenhänge freiheitlicher Ordnung auf der Strecke bleiben.
Das Stichwort politische Rationalität erinnert jenseits der Verfahrens- und Verfassungsfragen an die konkreten politischen Problemlösungen. Die neue Spontaneität beansprucht für sich rasche und globale Erfolgsstrategien: eine neue Energiepolitik — sofort; Beendigung des Waldsterbens — heute; Reinhaltung von Luft und Wasser — jetzt; Beseitigung der Arbeitslosigkeit — plötzlich; Abrüstung — unmittelbar. Unsere Zeit erlebt eine Hochkonjunktur für Patentrezepte — Pseu-

dorezepte. Als ob sich für Jahrhundert- und für Strukturprobleme Lösungen hier und heute und Erfolge von heute auf morgen finden und nachweisen ließen. Weg und Ziel fallen praktisch zusammen. Die realisierbaren Schritte in die richtige Richtung, die Zwischenstationen des Erfolges, die Annäherungen an Ziele gelten nur wenig. Pseudorezepte beruhen auf Pseudokompetenz. Zumindest beruhen sie auf eindimensionalen Strategien. Für die seriösen Herausforderungen, vor denen Politik heute steht, reichen sie nicht aus. Dagegen besteht die Hoffnung, daß die Menschheit, wenn überhaupt, mit Hilfe der in und von den Institutionen zusammengeführten politischen, fachlichen und moralischen Kompetenz die Chance gewinnt, den Herausforderungen erfolgreich zu begegnen, vor denen sie steht. Mit spontanen Einfällen und Verfahren wird ihr das nicht gelingen.

## *Bewegung statt Institutionen: Politik – ein Happening?*

Nun wäre es falsch anzunehmen, daß Institutionenskepsis und Selbstentfaltungstrieb kennzeichnend für die gesamte politische Kultur in der Bundesrepublik wären. Sie liegen jenseits jener Scheidelinie, die seit dem Wertwandelschub die Gesellschaft durchzieht und die Träger der Selbstentfaltungswerte von den anderen trennt. Bei der Betrachtung der Befunde können wir uns auf die junge Generation beschränken, in der die neuen Werte deutlicher ausgeprägt sind. Was läßt sich sagen?

Während eine deutliche Mehrheit der Bevölkerung vertraut, herrscht in der jungen Generation ausgeprägte Distanz zur institutionalisierten Staatlichkeit[56]:

Ein Drittel hat ausdrücklich kein Vertrauen zu Parlament und Regierung, ein Drittel mißtraut auch der Polizei, fast ein Drittel mißtraut den Gerichten, 42 % der Bundeswehr. Der Unterschied zur erwachsenen Bevölkerung ist kraß; er verstärkt sich zusätzlich, je höher der Bildungsgrad ist: Abiturienten und Hochschüler pflegen eine Kultur des Mißtrauens. Sie traf die Politiker im letzten Jahrzehnt mit steigender Tendenz: Daß Politiker und Abgeordnete sich um den kleinen Mann und seine Interessen nicht kümmerten, glaubten Ende der siebziger Jahre 28 %, Mitte der achtziger Jahre schon 41 %. Schon 1981 sprachen sich doppelt so viele Jugendliche wie Erwachsene — 30 % — für den Gebrauch außerparlamentarischer Mittel zur Durchsetzung von Veränderungen aus, die sie als notwendig empfanden.
Überhaupt hat sich unsere politische Kultur im Laufe der sechziger und siebziger Jahre in zwei für unsere Fragestellung wichtigen Bereichen gewandelt: bei der Entwicklung politischer Partizipation und bei der Entfaltung politischer Kommunikation. Die Politik wurde enttabuisiert. Man spricht über sie und ist bereit, sich mit politischen Meinungen zu exponieren, sogar Parteipräferenzen und Wahlentscheidungen öffentlich zu äußern. Der Abstand zur Politik ist kleiner, das Interesse an ihr größer geworden. Dieser größeren Nähe folgte eine gestiegene Bereitschaft zu politischer Aktivität, die auf dem Glauben beruht, Einfluß ausüben zu können — eine Annahme, die durchaus zutrifft; denn die Republik ist zwar nicht unregierbar, aber schwerer politisch führbar geworden. Damit muß eine Demokratie leben können. Sie kann es auch, solange Entscheidungs- und Durchsetzungsfähigkeit nicht prinzipiell verlorengehen oder zerstört werden, wie es in der Absicht der Unregierbarkeitsdrohung liegt.

Parallel zur gestiegenen Aktivität haben sich neue Ausdrucksformen politischer Partizipation entwickelt: unkonventionellere Ausdrucksformen, die im allgemeinen durchaus legal sind, sieht man von bewußten Rechtsbrüchen und gewaltsamen Entgleisungen ab. Das politische Handlungsrepertoire in der Bundesrepublik hat sich vergrößert[57] und findet besonders bei Jugendlichen und jungen Erwachsenen Zustimmung. Auch damit muß eine Demokratie leben können — und mehr als das; denn schließlich ist Demokratie ein Angebot zur Mitwirkung. Aber diese Erweiterung des Handlungsrepertoires und des Engagements kommt fast ausschließlich unkonventionellen und nicht institutionalisierten Aktionsformen zugute: Einzelaktionen, Initiativen oder Bewegungen, eher spontan, möglichst organisations- und auch verantwortungsfrei.
Die „partizipatorische Revolution"[58], wie diese Entwicklung mit leichter Übertreibung genannt worden ist, vollzog sich an den Institutionen vorbei, zum Teil sogar mit antiinstitutioneller Stoßrichtung. Zum einen sollten Parteien und Parlamente, denen man mißtraute, ja gerade nicht unterstützt und gestärkt werden. Zum anderen, denken wir nun an das Selbstverständnis, bestehen ja erhebliche Vorbehalte gegen organisatorische Einbindungen und formale Mitgliedschaften. Von daher konnten die Parteien von der „partizipatorischen Revolution" kaum profitieren. Selbst die Partei der Grünen, die neu hinzugekommen ist, versteht sich als Antiparteien-Partei und versucht krampfhaft, Bewegung zu bleiben; Bewegung mit hohen Anforderungen an ideologische Reinheit (keine Kompromisse!), an direkte Aktion und an Spontaneität[59]. Nicht die Parteien haben profitiert. Vielmehr hat die „partizipatorische Revolution" eine an Mitgliederzahlen gleich starke Bewegung neben und gegen sie ge-

stellt: Bürgerinitiativbewegung, Umweltschutzbewegung, Antikernkraftbewegung, Friedensbewegung: Bewegung statt Form und Kontinuität.
Bei den Anhängern ist der Glaube an die Wirksamkeit dieser fließenden Beteiligungsform weit verbreitet und hoch: Politik als plebiszitäres Ereignis, als Ereignis an der Basis und auf Straßen und Plätzen. Politik — ein Happening?
Genau hier wird diese Sichtweise problematisch; denn das politische Interesse, das hinter ihr steht, paart sich ausdrücklich mit dem Willen zur Mitentscheidung. Mitentscheidung bedingt aber Kooperation mit den Institutionen statt verächtliche Frontstellung gegen sie. Denn die Institutionen verfügen, man muß es deutlich sagen, in der Demokratie aus guten Gründen der Verantwortlichkeit, der Transparenz und der Kontrollierbarkeit über das Entscheidungsmonopol. Sie verfügen, um kein Mißverständnis aufkommen zu lassen, nicht über ein Monopol in der Willensbildung. Aber wer *mitentscheiden* will, muß *in* Institutionen wirken und nicht neben ihnen und gegen sie. Sie zu umgehen heißt, den eigenen Anspruch auf Mitentscheidung zu unterminieren; denn er kann nicht zum Ziel gelangen, solange gesellschaftliche Verbindlichkeit nur auf institutionellen Wegen hergestellt werden kann: Enttäuschungen sind vorprogrammiert.

## *Fundamentale Alternativen: Die Unfähigkeit zu freiheitlicher Ordnung*

Die Umgehung der Institutionen mag in der Option für wörtlich verstandene Selbstbestimmung und in der Ansicht begründet sein, die Freiheitsräume der Demokratie seien grenzenlos und jede legale und institutionelle Einhegung sei ein unziemliches Korsett. Das wäre jene weitverbreitete intellektuelle Unfähigkeit, Natur und Notwendigkeit freiheitlicher Ordnung zu begreifen. In der Umgehung der Institutionen liegt aber oft ein vielleicht nicht reflektierter, im Kern aber doch revolutionärer Anspruch, der das Entscheidungssystem der parlamentarischen Demokratie, der das Wechsel- und Widerspiel von Mehrheit und Minderheit[60] nicht akzeptieren und ganz bewußt die eigene Entscheidungsmacht dagegensetzen will. Dieser Anspruch beruht nicht auf der Legitimation durch das Volk oder durch die verfassungsmäßigen Verfahren. Er beruht nur auf eigener Anmaßung. Die demokratischen Institutionen, an die Verfassung gebunden, müssen ihn zurückweisen. Sie sind genötigt, ihre eigene Umgehung zu verhindern. Erneut sind Enttäuschungen programmiert. Aber der demokratische Verfassungsstaat muß seine Legitimität verteidigen. Er darf intellektuellen Defiziten ebensowenig erliegen wie Stimmungen oder revolutionärem Impetus. Wer mitentscheiden will, muß den Anschluß an die Institutionen, an Parteien und Parlamente gewinnen und sich auf den mühseligen Prozeß einlassen, für seine Positionen Wähler und Mehrheiten zu gewinnen. Dieser Weg ist so ziemlich das Gegenteil von spontaner Selbstverwirklichung.

Ziehen wir eine kurze Zwischenbilanz: Die Aktivierung der Bürger seit den sechziger Jahren vermochte das politische System dort zu stärken, wo sie sich in den Prozeß politischer Willensbildung in der parlamentarischen Demokratie eingefädelt hat. Ein Indikator dafür wäre etwa der explosionsartige Anstieg der Mitgliederzahlen der Parteien zwischen 1968 und 1975. Inzwischen begegnet der organisationsmüde und institutionenskeptische Drang zur Selbstverwirklichung Parteien eher mit Gleichgültigkeit. Nur wenig

Stärkung konnte das politische System aus der im Grunde altbekannten, aber neubelebten Ansicht gewinnen, daß repräsentative Demokratie nur ein Notbehelf und das Alltagsplebiszit eigentlich die Vollendung der demokratischen Idee sei. Gar keine Stärkung, sondern eine fundamentale Herausforderung liegt dagegen dort vor, wo die „partizipatorische Revolution" sich dezidiert gegen Grundsätze, Verfahren und Institutionen der parlamentarischen Demokratie richtet. Ob nun mit oder ohne ausdrücklich erklärte systemüberwindende Intentionen: ein erheblicher Teil der gestiegenen Bereitschaft zur Partizipation sieht sich gleichsam außerhalb der parlamentarischen Demokratie angesiedelt. Unter Mißachtung ihrer Wertgrundlagen wird sie als „Formaldemokratie" mißverstanden, an der man ungern teilnimmt. Vielmehr begegnet man ihr von außen, man begegnet ihr gegen- und widerständig.

Am Ende dieser Zwischenbilanz ist jener Punkt erreicht, an welchem es nicht mehr nur um mißverständliche spontane Selbstentfaltung geht, sondern um ein fundamental anderes Staatsverständnis. Dieses Staatsverständnis entspricht nicht mehr der liberalen, pluralistischen und rechtsstaatlichen Demokratie. Auf seinem Boden wuchern Motive und Verhaltensweisen, die aus ihr herausführen, wenn rechtsstaatliche Entscheidungen und Justizurteile nicht mehr für verbindlich erachtet werden und Gewalt als legitimes Mittel zur Durchsetzung politischer Ziele gilt. Der Anteil derer, die Entscheidungen und Urteile nicht akzeptieren wollen, wenn sie ihrer Überzeugung widersprechen, ist unter Jugendlichen und jungen Erwachsenen außerordentlich hoch geworden. Am Beispiel der umstrittenen Frankfurter Startbahn West hat Allensbach gemessen, daß nur ein Drittel der 16- bis 29jährigen ein abschließendes Gerichtsurteil befolgt,

die Hälfte es dagegen für eine „Gewissenspflicht" hält, trotzdem „weiterzukämpfen". Von den Anhängern der Grünen wollen sogar nur 6 % akzeptieren, 86 % weiterkämpfen[61].
Mit dieser Tendenz hängt offensichtlich das wachsende Verständnis, wenn nicht sogar die Billigung und Nutzung illegaler und dezidiert gewaltsamer politischer Aktionsformen zusammen. Gewalt gegen Personen trifft kaum auf positive Resonanz; Gewalt gegen Sachen akzeptieren nach der gleichen Allensbacher Erhebung 20 Prozent. Für ein Drittel bleibt es eine offene Frage, ob Gewalt in keinem Fall zu rechtfertigen ist[62]. Natürlich ist die Unterscheidung zwischen Gewalt gegen Personen und Sachen ziemlich künstlich — in einem Land, das die „Kristallnacht" erlebt hat, sogar zynisch[63]. Wie auch immer: Gewaltanwendung führt in jeder Form aus dem demokratischen Konsens heraus; denn die Waffe der Demokratie ist das Wort und muß das Wort bleiben. Aber erstmals seit den fünfziger Jahren sitzt in den Parlamenten der Bundesrepublik wieder eine Partei, die ihr Verhältnis zur Gewalt nicht zweifelsfrei zu klären vermag. Ein Teil ihrer führenden Repräsentanten tritt sogar offen für Gewaltanwendung ein.
In dieser Akzeptanz der Gewalt finden die subjektivistische Infragestellung des Rechtsstaats und der Vorrang „höherer" Legitimität von Ideologien gegenüber der angeblich bloß formalen Legalität des demokratischen Verfassungsstaates ihren schärfsten Ausdruck.

## *Privilegien statt Gleichheit: Eine neue politische Klasse*

Damit schließt sich der Kreis zu jener Motivation, welche der eingangs erwähnten Drohung zugrunde liegt, das Land unregierbar zu machen. Sie liegt in der Annahme, daß Leidenschaft, Engagement, besondere Betroffenheit, richtiges Bewußtsein und die Überzeugung, im Besitz der allein richtigen Lösungen für politische Probleme zu sein, einen besonderen und bevorzugten Durchsetzungsanspruch gegen, wie es heißt, „apathische, schlecht informierte und ... desinteressierte Mehrheiten" begründeten[64]. Diese Annahme verstößt gegen den urdemokratischen Gleichheitsgrundsatz. Aber schon die Weimarer Demokratiekritik vermochte sich mit der Tatsache nicht abzufinden, daß „Nietzsche und sein Stiefelknecht"[65] die gleichen politischen Rechte haben sollten.

Der Anspruch, Wertelite zu sein und von daher besondere politische Rechte gegenüber allen anderen zu genießen, stellt auch die demokratischen Verfahren und Institutionen zur Disposition. Der Friedensrahmen der Verfassung gelte für den Normalzustand. Im Ausnahmezustand verliere er seine ordnende Kraft[66]. Die selbsternannte Wertelite, die den Ausnahmezustand heraufziehen sieht, die ihn mit ihren Aktionen zum Teil auch herbeiführen will und ihn kraft höherer Einsicht zu definieren beansprucht, leitet aus ihm dann ihr Recht ab, Verfassungsschranken auf die Seite zu rücken. Bei Carl Schmitt in der Weimarer Republik hieß es: „Souverän ist, wer über den Ausnahmezustand entscheidet[67]." Heute läßt sich dieser Satz modifizieren: Souverän wird, wer über den Weltuntergang verfügt. So hat es Josef Isensee, ein Bonner Staatsrechtslehrer, in einer Diskussion einmal formuliert. Diese Souveränität über Recht und Verfassung begründet eine situationsabhängige Selbstbestimmung über die jeweils angemessen erscheinenden Mittel und Verhaltensweisen: Das Verhaltensrepertoire wächst ins unendliche. Rechtliche Bindungen sind ihm nicht mehr auferlegt.

Von solchen Positionen aus sieht sich der Rechtsstaat mit einem Male als Gewaltstaat definiert, die legitime parlamentarische Entscheidung als Gewalttat. Von daher gerät der demokratische Verfassungsstaat unversehens ins Visier eines falschverstandenen Widerstands gegen staatliche Maßnahmen, die wohlgemerkt korrekt und demokratisch legitimiert zustande gekommen sind, deren Inhalte jedoch einer Minderheit nicht gefallen. Zur Verdeutlichung von Positionen sei Gewalt durchaus erforderlich. Die Opportunität werde von Fall zu Fall geprüft[68]. Hier handelt es sich also nicht um Gewaltfreiheit, sondern um wohldosierte Freiheit zur Gewaltanwendung. Ihr Ziel ist vordringlich der „Abbau staatlicher Macht“[69]. Gemeint ist wohl einmal mehr die Utopie der Herrschafts- und Ordnungslosigkeit, in der Autonomie sich außerhalb aller Regeln und Institutionen frei und spontan entfalten soll. Eine romantische Vorstellung, die einen neuen Menschen voraussetzt. Bis er herangebildet ist, verflüchtigt sich freilich jegliche Romantik. Nach aller Erfahrung gerät die Herrschaft der Utopiebewahrer auf dem Weg zur Utopie hart und willkürlich. Denn die Souveränität der Werteliten schiebt zunächst einmal jene Garantien auf die Seite, welche Pluralität schützen und ihre Entfaltungsfreiheit und Konkurrenzfähigkeit in einem geregelten und institutionalisierten Willensbildungsprozeß gewährleisten sollen. Eine neue Wahrheit tritt an die Stelle der Konkurrenz. Für jeden, der sie nicht teilt, wird der politische Entfaltungsspielraum nicht größer, sondern geringer. Spontane Selbstentfaltung wird zum Privileg einer neuen politischen Klasse.

Diesem Anspruch läßt sich nicht mit Permissivität und Legitimitätskonzessionen begegnen. Denn er ist mit der parlamentarischen Demokratie unvereinbar.

Gerade ihre formalen Garantien, ihre Verfahren und ihre Institutionen sichern die Entfaltungsfreiheit von Inhalten, und zwar von unterschiedlichen Inhalten. Wir stehen keineswegs vor einem Gegensatz zwischen Form und Inhalt, zwischen Institutionen und Verfahren auf der einen und politischen Programmen auf der anderen Seite. Form und plurale Inhalte sind vielmehr aufeinander bezogen. Zusätzlich bleibt auch an die Banalität zu erinnern, daß die Legitimität politischer Entscheidungen nach dem bis jetzt gültigen Verständnis zwei Voraussetzungen hat: zum einen, daß Entscheidungen in „verfaßter" Ordnung, nach bekannter und kontrollierbarer Kompetenz- und Verfahrensordnung getroffen werden, zum anderen, daß sie ihren Verbindlichkeitsanspruch auf das korrekte Verfahren gründen, nicht auf einen Anspruch exklusiver inhaltlicher Richtigkeit; anders gäbe es für Minderheiten keinen Grund, sich zu fügen. Institutionen sind also bedeutsam. Sie liegen im Kern des modernen Politikverständnisses.

Allerdings lagen sie lange Zeit nicht mehr im Zentrum des Interesses der Politikwissenschaft. Neomarxistische und „kritische" Ansätze räumten ihnen keinen Platz ein. Zur Zeit macht sich ein positiver Wandel bemerkbar[70].

## *Wandel und Wertorientierung: Die mißverstandenen Institutionen*

Falsch war schon immer die Ansicht, Institutionen seien statisch und ihre Betrachtung führe zu einer Vernachlässigung der Dynamik der politischen Prozesse. Sie sind vielmehr Teil der „lebenden Verfassung" (Dolf Sternberger) und stehen selbst im sozialen Wan-

del. Gerade das macht die Schwierigkeit ihrer Analyse aus und verlangt vom Betrachter einige Sensibilität. Walter Bagehot hat darauf schon 1872 in der zweiten Auflage seines Buches „The English Constitution" aufmerksam gemacht, als er den ständigen Wandel beschrieb, der überhaupt Kennzeichen des menschlichen Lebens sei. Bagehot nimmt den inneren Zusammenhang von sozialem und institutionellem Wandel geradezu zum Ausgangspunkt seiner Analyse. Er sieht das komplementäre Verhältnis beider Wandlungsprozesse und erkennt auch die Tatsache, daß sie eigentlich nie abgeschlossen sind. Dabei glaubten die weniger aufgeklärten Leute, es funktioniere noch alles wie bisher, und übersähen, daß sich „im Schoße der Monarchie eine Republik" zu bilden beginne. Die wirklichen Herrscher seien Premierminister und Kabinett, die in „zweitklassigen Karossen" dem Monarchen und dem Hochadel bei Staatsaktionen folgten. Das Volk verwechsle noch weithin Prunk mit realem Besitz der politischen Macht. Bagehot kommt bekanntlich zu seiner berühmten Unterscheidung zwischen den „dignified" und den „efficient parts of the constitution" — zwischen den ehrwürdigen und den wirkmächtigen Institutionen. Aber Dekor und Wirkmacht zu verwechseln, hat seine Ursache in mangelnder Aufklärung.
Mangelnde Aufklärung ist erst recht der Grund für Versuche, einen bestimmten historischen Zustand festzuschreiben, ihn geradezu normativ zu überhöhen und damit die Legitimität des Wandels überhaupt zu bestreiten. Daß Institutionen in der modernen Demokratie anders funktionieren als zu Zeiten des Konstitutionalismus, führt nach solcher in der Tat statischen Betrachtung zu düsteren Zustandsbeschreibungen und Zukunftsvisionen. Wo es in Wirklichkeit um Wandel geht, entsteht durch Interpretationen, die für das We-

sentliche unsensibel sind, ein „Gesetz von Blühen und Verwelken“[71], welches Äußerliches mit dem Kern verwechselt.
Dabei besteht gar keine Notwendigkeit zu solch statisch gegründetem Pessimismus. Die Theorie der Institutionen stellt heute — seit längerem sogar — auf den sozialen Wandel ab[72]. Sie nimmt übrigens auch den Menschen und seine Bedürfnisse zum Ausgangspunkt, nicht das System[73] — Bedürfnisse, aus denen Funktionen entstehen. Damit wird die oft übersehene anthropologische Dimension der Beschäftigung mit Institutionen deutlich und ebenso ihr Beitrag zur sozialen Integration. Die Theorie weiß auch, daß Institutionen Sinn repräsentieren, daß ihnen ein Leitbild zugrunde liegt, besser eine Leitidee; von der „idée directrice“ spricht Maurice Hauriou[74]. Es ist wichtig, an dieses Leitbild als Maßstab im sozialen Wandel zu erinnern. Nicht Wandel kann ein kritisches Phänomen sein, sondern nur die Beschädigung der Leitidee. Solange ihre Leitideen leben, sagt Schelsky, können die psychischen, biologischen, historischen, zweckrationalen Faktoren wechseln; dies sei nur „ein sekundäres Phänomen“ gegenüber der primären Ideenbestimmtheit der Institutionen.
Man wünschte sich in der öffentlichen Diskussion mehr Theoriebewußtsein. Aber diese Illusion läßt sich auch einschränken: Man wünschte sich vielleicht nur eine stärkere Annäherung an die in England nun seit mehr als einem Jahrhundert bekannte Wandlungsoffenheit der Verfassungs- und Institutionenbetrachtung.
Trotzdem ist in allen westlichen Demokratien ein Verlust an praktischem Institutionenverständnis festzustellen. Geradezu paradox erscheint, daß zum gleichen Zeitpunkt die Abhängigkeit von den Institutio-

nen zunimmt[75]. Man sieht es an der sozialstaatlichen Entwicklung. Gerade der vielfach festgestellte hohe Erwartungsdruck, den die profilierten Träger neuer Wertorientierungen an den Staat richten, während sie zugleich, wie wir gesehen haben, politisches Handeln im institutionellen Rahmen geringschätzen, verschärft diese Paradoxie. Diese Gruppierungen versuchen, sich ihre Legitimation unter Berufung auf die Sache, auf Inhalte, zu besorgen und diskreditieren jede Erinnerung an die Organe und Verfahren politischer Willensbildung als Formalismus.

Von Bedeutung ist dieser Verständnisverlust, weil sich alles Wissen über Politik und alle politische Erfahrung in der spezifischen Ausformung politischer Institutionen ausdrückt. Politisches Handeln ist traditionsgemäß wesentlich Handeln innerhalb institutioneller Bedingungen und Schranken; darin liegt der Unterschied zu sozialem Handeln, auch wenn dafür das Verständnis schwindet.

Die Formalismuskritik ist deswegen falsch, weil sie die normative Dimension der Institutionen verkennt. Diese sind niemals primäre politische Erscheinungen, sondern Ausdruck politischer Vorstellungen und Ziele: Ausdruck der zentralen Ordnungswerte, die in Gesellschaften vorherrschen, Repräsentanten auch des Sinnzusammenhangs einer Gemeinschaft. Institutionen und Werte sind also eng aufeinander bezogen, und es ist absolut absurd zu glauben, man könnte sie gegeneinander ausspielen.

Der neue Aufbruch schlägt den Irrweg antiinstitutioneller Spontaneität ein, der eher in subjektive Willkür weist und in der Überindividualisierung und Entformalisierung ethischer Orientierungen keineswegs immer sozialverträglich erscheint. In Wirklichkeit geht es gar nicht um den Gegensatz zwischen traditionellem Herrschaftsgehorsam und Funktionsgehorsam, zwischen Sachzwängen und Sinnfrage. Denn unabhängig von den inhaltlichen Antworten, die Politik heute erteilt, fragt sie seit langem verstärkt nach Sinn und normativer Orientierung – und sie tut dies im Rahmen einer Ordnung, die ihr diese normative Orientierung aufgibt.

Zumindest dieser Staat des Grundgesetzes war niemals *nur* „technischer Dienstleistungsbetrieb" oder auch bloß wertneutral. Der Staat des Grundgesetzes hat sich von Beginn an als wertgebundene Ordnung verstanden. Der Schutz des Lebens und der Umwelt, den manche neu entdeckt zu haben und exklusiv zu vertreten glauben, ist von Beginn an der normative Kern der freiheitlich-demokratischen Grundordnung gewesen. Es gibt *nicht* eine Herausforderung aus dem Bereich des Lebens-, Freiheits- und Friedensschutzes, die außerhalb des Wertkerns des Verfassungskonsenses läge und der deshalb mit Notstandsmentalität und außergewöhnlichen Mitteln begegnet werden müßte. In der wertgebundenen Ordnung gibt es keinen Gegensatz von Legitimität und Legalität. Sie gründet in unbezweifelbaren, gesellschaftstiftenden Prinzipien. „Achtung vor dem Recht der Demokratie" bedeutet daher „Achtung vor der Demokratie", und Mißachtung von Recht, Verfahren und Institutionen bedeutet Mißachtung der Demokratie. „Es gibt hier und heute" – sagt Martin Kriele, die wertgebundene Ordnung meinend – „keine höhere Legitimität als die Legalität[76]." Es gibt auch nicht den vielfach behaupteten Gegensatz von Freiheit und Institutionen.

Bernd Guggenberger, dem in der heutigen Demokratiediskussion zuzustimmen immer schwerer fällt, hat das früher einmal zutreffend auf den Begriff gebracht: „Werden Autonomie und Freiheit nur als Negation institutioneller ‚Einbindung' verstanden, zerstören sie das Fundament, auf dem sie allein erwachsen können. Autonome Innerlichkeit und ‚Moralität' des einzelnen halten die Gesellschaft nicht zusammen. Sie selbst vermögen sich ohne institutionellen ‚Rückhalt' weder herauszubilden noch zu behaupten. Sittliche Überzeugung, Reflexion und Kritikfähigkeit sind höchst bedeutsame Staatsbürgertugenden. Ohne Recht und Institutionen aber können sie weder entstehen noch bestehen. Die moralisch begründete und ‚zurechnungsfähige' Freiheit des einzelnen setzt eine sie verbürgende und institutionell absichernde politische Ordnung voraus. Ohne eine solche Ordnung wäre Freiheit nicht von Willkür zu unterscheiden. Die politische Freiheit, die der Verfassungsstaat ermöglicht, ist keine Freiheit nur des spontanen, selbst ursprünglichen Bewirkens, keine Freiheit grenzenloser Willkür ... Der demokratische Verfassungsstaat entgeht den Antinomien des totalen Freiheitsdenkens, indem er Toleranz neben die Freiheit stellt. Toleranz aber bedeutet stets, daß Freiheit und sittliches Handeln des einzelnen über Institutionen vermittelt sind und in diesen ihre Wirklichkeit haben[77]."

Wie wahr!

## Auf dem Weg in die Mediendemokratie? Zwischen Kurzatmigkeit, Themenverschleiß und Showbusiness

Wenn Stimmungen sich ausbreiten und in der Politik nicht nur aktuelle, sondern tiefergehende Wirkungen entfalten, liegt die Frage nach den Medien nahe. Denn ohne ihre Mitwirkung gewinnt nichts Öffentlichkeit, auch Stimmungen nicht. Im Gegenteil: ein Thema läßt sich nur hochziehen, eine Stimmung nur etablieren, wenn die Medien dabei hilfreich sind. Mediendemokratie – was heißt das? Der Begriff läßt sich wohl in zwei Dimensionen entfalten. Die erste Dimension meint, daß die Medien die politische Kultur ihrer Eigengesetzlichkeit unterwerfen; die zweite, daß die Politik sich dieser Eigengesetzlichkeit anpaßt und sie zu nutzen sucht.

### *Stimmungsträger*

Das Gesetz der Medien ist kurzfristige Aktualität, ist Meinungsfreude, ist zunehmend mehr Journalismus mit „human touch". Die strukturelle Nähe zu dem, was „Stimmungsdemokratie" ausmacht, ist verblüffend. Journalisten sind von Berufs wegen selbst Meinungs- und Stimmungsträger, darin übrigens den Politikern nicht unähnlich, die ihrerseits ständig den Puls der Wähler zu fühlen und darauf zu reagieren haben. Wie sehr Stimmungen die Berufspraxis bestimmen, hat vor einiger Zeit Theo Sommer in der „Zeit" gezeigt, als er jene Gruppenmentalität der Journalisten beschrieb, die für ihre Wirklichkeitssicht und Wirklichkeitsvermittlung von eminenter Bedeutung ist. Journalisten verhielten sich im Grunde tagtäglich wie Vogel-

schwärme — eine déformation professionelle: Daß einer sich in eine bestimmte Ecke stürzt, „die ganze Medienmeute stürzt hinter ihm her und kläfft in die gleiche Richtung", passiert kontinuierlich. Ein, wie Theo Sommer schrieb (Die Zeit, 5. 12. 1980), „Rudeljournalismus, der eher kollektiven Gemütsbewegungen entspringt als individueller analytischer Anstrengung; der von Politik hauptsächlich Drama verlangt; der weder zurückblickt noch nach vorne schaut, sondern mit der kurzen Elle des Augenblicks mißt; dem die flinke Pointe wichtiger ist als die gediegene Bewertung. Es ist nicht immer leicht, sich dem Zwang des Rudels zu entziehen. Kein Journalist, der da nicht fehlsam wäre."
Stimmungen, Emotionen sind natürlich eine leichte und willkommene Beute für das ausschwärmende Rudel. Aber ist diese Mentalität heute angemessen? Lassen sich aus ihr Relevanz- und Rationalitätskriterien für die Vermittlung der Wirklichkeit und ihre zweifellos immensen Probleme entwickeln? Natürlich nicht. Aber besteht dann nicht die Gefahr, daß das Interesse der Gesellschaft auf der Strecke bleibt, ihre Komplexität zu durchschauen, sich ihrer Kontinuität zu versichern und Details in zutreffende Kontexte einzuordnen? Der Bürger ist abhängig von Erklärung und Erläuterung. Denn er kann sich jenseits seines unmittelbaren Lebensraums nur an vermittelter, nicht an erfahrener Wirklichkeit orientieren. Ohne Stimmungsjournalismus wäre Stimmungsdemokratie kaum denkbar. Auch in dieser Hinsicht setzen die Medien die Themen. Atomphysiker, die die Katastrophe von Tschernobyl durchaus regional sehr ernst nehmen, ihre Signale in Mitteleuropa aber im Rahmen der natürlichen Belastung sehen, sprechen davon, daß sich hier eine „mentale Katastrophe" ereignet habe, weil eine allgemeine Unfähigkeit herrschte, die Zusam-

menhänge öffentlich verständlich zu machen[78]. Wer an dieser Unfähigkeit teilhatte, ist bekannt: Sicher nicht nur die Medien. Aber das Beispiel zeigt, wie Verunsicherungen und Emotionen entstehen, sich entfalten und in die Tiefe wirken können, und zwar durchaus mit Hilfe der Medien.

## *Politik als Unterhaltungsprogramm*

Medieneinfluß durch Eigengesetzlichkeit — dieses Problem spitzt sich bereits zu bei der Hinwendung der Bürger zur Politik. Allensbacher Erhebungen haben gezeigt, wie das Interesse am Politischen parallel zur Versorgung der Haushalte mit Fernsehgeräten wuchs. Zugleich aber wandelte sich sein Verständnis. Politik erschien nun weniger als ernste Aufgabe, denn vielmehr als abwechslungsreiches und spannendes Schauspiel. Ein Schauspiel, das seinen Spannungsbogen erhalten muß, indem es Themen, Szenen und Schauplätze ständig wechselt. Wer Erklärungen sucht für den ungeheueren Themenverschleiß, die kontinuitätsverschlingende Kurzatmigkeit und die problemverschleiernde Suggestion rascher und eindeutiger Lösungen, welche in die Aufführung, die Darstellung und das Verständnis der Politik Einzug gehalten haben, der findet sie hier. Soll der Spannungsbogen erhalten bleiben, bedingt das beständig Stimulation durch neue Reize. Es muß geradezu, wie man sich im Bayerischen auszudrücken pflegt, „täglich eine neue Sau durchs Dorf laufen". Von daher ist es nur ein kurzer Weg von der Top-Meldung bis ins Vorfeld des Wetterberichts. Tschernobyl wird es nicht anders ergehen wie der Inhumanität des fundamentalistischen Regimes von Persien — wer spricht noch davon?

Richard Burt, US-Botschafter in Bonn, hat dieses Problem am Beispiel der amerikanischen Medien verdeutlicht. „In Amerika", so sagte er, „können wir unter einer Menge von Fernsehkanälen auswählen, aber nur zu oft wird dieselbe große Story auf jedem Kanal gebracht und sonst kaum etwas. Deshalb ist ein Problem, das heute noch die Welt erschüttert, morgen schon vergessen. Schlagzeilenjournalismus bedeutet, daß die Öffentlichkeit keine Möglichkeit hat, bedeutende Fragen, so wie sie im Fernsehen präsentiert werden, in eine Perspektive zu stellen – wer kann den Zusammenhang zwischen dem heutigen Aufmacher und irgendeinem anderen Ereignis, das vorige Woche dreißig Sekunden über den Bildschirm flimmerte, verstehen?[79]" Kurzschlüssig an dieser Bemerkung ist nur ihre Beschränkung auf Amerika, denn es handelt sich um ein Strukturproblem der modernen Mediendemokratie, speziell der Fernsehdemokratie.

Auf der Strecke dieser Augenblicksorientierung bleiben nicht nur Kontext, Kontinuität und die Möglichkeit, sich überhaupt eine adäquate Weltsicht zu erwerben. Auf der Strecke bleibt die politische Rationalität. Wenn der Bildschirm zur wichtigsten Informationsquelle wird, braucht man des Lesens und Schreibens nicht mehr kundig zu sein, um das Gefühl zu entwickeln, Bescheid zu wissen. Eine ständig dramatisierende Optik, Authentizität vortäuschende Bilderfolgen und vereinfachende Inhalte verhelfen auch so zu diesem Gefühl. Der Text einer Nachrichtensendung füllt kaum eine Zeitungsseite. Ohne Verkürzungen, Entstellungen und Simplifizierungen geht solche Information nicht ab. Die Zeitung informiert nicht nur umfassender, sie ist nicht nur inhaltlich rationaler, sie richtet sich auch deutlicher an das Urteilsvermögen und die analytischen Fähigkeiten des Empfängers. Sie stellt ihm auch mehr Informationen und Hintergründe zur Verfügung. Mit dem Bedeutungsgewinn von Stimme und Bild verfällt diese Rationalität zugunsten affektiver und personalisierter Reize. Ein technischer Fortschritt, der sich in kulturelle und politische Regression wendet.

Zudem läßt der Visualisierungszwang des Fernsehens die Nachrichtengebung auf das Zeigbare schrumpfen. Was bildhaft nicht vermittelt werden kann, findet kaum statt. Insofern kommt es nicht von ungefähr, daß auf dem Boden der Bundesrepublik inzwischen afghanische Freiheitskämpfer an elektronischen Waffen ausgebildet werden: an Fernsehkameras und Videorecordern.

Ob das einst rationaler Aufklärung dienen wird, mag offenbleiben. Denn das Fernsehen ist nicht das Medium des rationalen Diskurses. Es verändert ihn, es greift ihn sogar an, meint Neil Postman[80] mit guten Gründen, indem es die Schriftkultur attackiert. Seine raschen Bilderfolgen, der opulente Augengenuß, die geringen Anforderungen an das Auffassungsvermögen zielen nicht auf die Rationalität des Individuums ab, sondern auf seine Unterhaltung. Nachdem die jüngste Entwicklung der Medien keinen Zweifel daran läßt, daß das Fernsehen hierzulande immer „amerikanischer" zu werden verspricht — wie man hört, übrigens auch in der Nachrichtenpräsentation — verdient Postmans These Aufmerksamkeit, Unterhaltung sei zum natürlichen Rahmen jeglicher Darstellung von Erfahrung (und Wirklichkeit) gemacht worden. Jedes Thema ist davon betroffen: „Das Entertainment ist die Superideologie des gesamten Fernsehdiskurses[81]." Die amerikanische Nachrichtenschau, deren Ableger nun auch bei uns besichtigt werden können, ist ein Rahmen für Entertainment, nicht für Bildung. Darauf, daß diese These auch schon für Deutschland gilt, wird noch zurückzukommen sein. Durch diese Entwicklung verändert sich das Wesen des politisch-öffentlichen Diskurses — ein Strudel, in den auch die ernsten Angelegenheiten einer Gesellschaft hineingerissen werden, „wenn es mit jedem Tag schwieriger wird, zu erkennen, wo das Schaugeschäft aufhört und etwas anderes anfängt“[82]. Postman zeigt Beispiele aus Kultur und Kirche, aus Wissenschaft und Politik, aus der akademischen Berufswelt: Mediziner, Pädagogen, Priester und Anwälte. Schwartzenberg hat sein ganzes Buch unter den Titel gestellt: „Politik als Showgeschäft“[83]. Wenn Unterhaltung das Gesetz dieses Mediums ist, dann sollten wir Stärken und Schwächen des Fernsehens bei der Politikvermittlung realistisch einschätzen. Vielleicht ist es ein Traum, mit perfektionierter Medientechnik zu perfekter Information zu kommen. Und vielleicht verlangt Richard Burt, verlangen die meisten von uns einem Unterhaltungsmedium einfach Verkehrtes ab?

Jedenfalls hat nach älteren und jüngsten Ergebnissen der Medienforschung auch in der Bundesrepublik Deutschland die Wirklichkeit Neil Postmans Thesen längst eingeholt: Politische Informationssendungen werden offensichtlich im Rahmen des Unterhaltungsinteresses verfolgt, weniger mit der Absicht, politische Kompetenz zu gewinnen. Daß heute auf den Kabelinseln der Republik schon jeder vierte Haushalt, der üblicherweise eine der beiden Nachrichtensendungen empfing, auf private Unterhaltungsprogramme umsteigt, bestätigt diese Orientierung[84]. Statt Kompetenz baut sich Pseudokompetenz auf. Aus ihr erwuchs der Anspruch des Rezipienten auf rasche, vermeintlich einfache und eindeutige Problemlösungen. Kompetenz ist also nicht wirklich gestiegen. Gestiegen ist je-

doch die politische Erregbarkeit. Affektives Engagement ersetzt die Sicherheit des Urteils. Die Gesamtstrategie eines umfassenden Konzepts politischer Ordnung und eines integrierten Programms politischer Gestaltung wird unterhöhlt durch themenbezogene, zum Teil symbolische und damit austauschbare Politik. Das einzelne Thema veranschaulicht, simplifiziert und ermöglicht punktuelles und aktionsbezogenes Engagement — stimmungsbedingtes Engagement.
Die Ausbreitung des Fernsehens hat die Menschen nur „anpolitisiert"; sie hat sie nicht adäquat informiert und interessiert. Diese Tendenz auf seiten der Rezipienten läuft konträr zur politischen Wirklichkeit, in der zur Bewältigung der Probleme immer mehr Rationalität und Kompetenz verlangt sind. Aber der kommunikative Brückenschlag der Mandatare zum Wähler gelingt anscheinend nur dann einigermaßen, wenn sich die Politik im publizistisch vermittelten Legitimationsgewerbe anders gibt, als sie im Entscheidungsprozeß tatsächlich sein muß. Diese Diskrepanz wiederum scheint gerade zum Bruch mit einem Teil der *aktiven* politischen Öffentlichkeit und zu dessen kritischer Distanz zur Politik zu führen.

## *Weltbildvermittler und Wirklichkeitskonstrukteure: Medien als Miterzieher*

Eine neuere Tendenz ist es wohl, daß mit der Ausdehnung des kommunikativ beherrschten Lebensraumes die eigene Wirklichkeits*erfahrung* des Individuums mehr und mehr durch Wirklichkeits*vermittlung* ersetzt wird. Die Medien verfügen über die größere Zahl der Informationen. Sie sind jenseits der unmittelbaren Umwelterfahrung die einzige Quelle der

Wirklichkeitssicht und prägen diese zwangsläufig. Auch wenn die Agenda-Setting-Theorie vielleicht noch ihrer allgemein akzeptablen Ausformulierung harrt[85], kann gar nicht bestritten werden, daß die seit den fünfziger und sechziger Jahren herangewachsenen Generationen in ganz anderer Weise einem medienbestimmten Sozialisationsprozeß ausgesetzt waren als ihre Vorläufer. In den USA gehen dem Schuleintritt 4000 Fernsehstunden voraus, in der Bundesrepublik Deutschland 1000. Nach den jüngsten Untersuchungen sehen Kinder zwischen 8 und 13 Jahren täglich knapp eineinhalb Stunden fern. Bei allen Personen über 14 Jahre beträgt die Sehdauer täglich zweieinviertel Stunden[86].

Gerade diese frühen Lebensphasen sind bildungs- und einflußoffen; zudem führt der rasante soziale Wandel rasch zu jenem Nullpunkt, an dem es keine abwehrbereiten individuellen Voreinstellungen mehr gibt. Von daher beeinflussen Medien natürlich auch andere erzieherische Faktoren wie die Familie und die sogenannten *peergroups*. Der gesamte Bereich der Politik, der Ideologien und der Legitimationsvorstellungen wird fast ausschließlich in der Vermittlung durch die Medien wahrgenommen. Die Medien bestimmen also ganz wesentlich über die Relevanzstruktur der politischen und sozialen Wirklichkeit. Nach dem jüngsten Befund scheinen die Themenstruktur der Medien und die der jungen Generation auf dem Felde der Politik weitgehend gleich zu sein[87]. Eine ältere Untersuchung — ebenfalls in der Bundesrepublik — hat gezeigt, daß die Medien eventuelle diskrepante Themenstrukturen gleichmachen, indem sie ihre eigene schlicht durchsetzen. Zudem wissen wir seit Walter Lippmann, daß Berichte über die Wirklichkeit tatsächlich Konstrukte aus Merkmalen sind, die zum Teil in die Wirklichkeit

hineinprojiziert werden. Auf die Schlüsselstellung der Wirklichkeitsvermittler wurde bereits hingewiesen.
Klages[88] schildert am Beispiel der perzipierten Wirtschaftslage den Unterschied von Wissen (aus eigener Erfahrung) und Meinen/Fürwahrhalten (aufgrund von Medienbotschaften): Über fast zehn Jahre hinweg (1976—1983) blieb — Ebene des Meinens — die Einschätzung der *allgemeinen* Wirtschaftslage schlechter und schwankend, während — Ebene des Wissens — die *eigene* Wirtschaftslage hoch und stabil bewertet wurde. Die Erklärung dafür liegt in zweierlei Wirklichkeitserfahrung und -vermittlung. In diesem Fall könnte in einem für die Zuwendung zum politischen System hochsensiblen Bereich die Legitimität der aktuellen Politikführung in Zweifel gezogen werden.
Man wird diese Diskrepanz von Wissen und Meinen und die daraus folgenden Medienwirkungsmöglichkeiten wohl auch auf die grundsätzliche Sichtweise der Politik, auf Probleme des Wertwandels und auf Herausforderungen der Institutionen übertragen dürfen.
Viel Nachdenklichkeit bräuchte man auf diesen Fragenkreis nicht zu verschwenden, wenn die überkommenen Thesen noch Geltung besäßen, daß Massenmedien keine oder kaum Wirkung hätten: Einerseits sei die zwischenmenschliche, die interpersonale Kommunikation wichtiger, andererseits veränderten Medien Meinungen nicht, sondern verstärkten sie nur. Diese Thesen stammen aus den vierziger Jahren. Man vergegenwärtige sich die damalige Situation der Medientechnik und der Verbreitung von Funk und Fernsehen. Heute ist das anders: Die Allgegenwart dieser Medien im Leben des einzelnen von Kindesbeinen an seit Ende der fünfziger Jahre schiebt ihnen neue Rollen zu: die des Weltbildvermittlers und Wirklichkeits-

konstrukteurs. Der Einbau der Medien in den Prozeß des Heranwachsens, in den Sozialisationsprozeß, setzt der bisher unterstellten nur sekundären Rolle ein Ende. Amerikanische Forscher[89] erklärten die bisherigen Annahmen für zu kurzsichtig und wiesen darauf hin, daß es nicht auf Wandel und Bekehrung, sondern zunächst einmal überhaupt auf die Herausprägung von politischen Einstellungen ankäme; wesentlich sei auch nicht die Wirkung der Medien im persönlichen Meinungsstreit, sondern beim Erwerb politischer Kenntnisse, beim Aufbau des Interesses an öffentlichen Angelegenheiten und bei ihrer Sichtweise.

Nach den Ergebnissen dieser Untersuchungen korrelieren Mediennutzung und politisches Wissen, führt Fernsehen im Gegensatz zur Zeitungslektüre zu verminderter politischer Aktivität und werden die Medien vor allen anderen Sozialisationsagenturen als Hauptquelle für Informationen *und* Meinungen angegeben. Gerade im Blick auf diesen letzten Befund adressieren Chaffee u. a. ironisch jene Forscher, die lieber ihren eigenen Annahmen glauben als den Auskünften der Menschen über sich selbst.

Chaffee u. a. sind inzwischen mehrfach bestätigt worden. Mehrere Untersuchungen zeigen, daß Kinder und Jugendliche ihre kognitiven Konzepte und Bilder von der Politik zum großen Teil über die Medien bilden und daß diese die Lernprozesse entscheidend beeinflussen. Dabei muß die Politikdarstellung eine Rolle spielen, die offenbar der Komplexität der politischen Willensbildung nicht entspricht. „So ist denn zu vermuten, daß die unterschiedlich intensive Nutzung des Fernsehens und der anderen medialen und interpersonalen Informationsquellen auch zu verschieden akzentuierten und strukturierten Wissenkonzeptionen über den politischen Prozeß führt[90].“ Wahrscheinlich gilt das auch für die fundamentalen Einstellungen und Haltungen zur Politik.

Politik vollzieht sich in aller Regel außerhalb der Lebenswelt des einzelnen. Politisches Wissen, politische Wahrnehmung ist demnach immer ein Vorgang der Verknüpfung der eigenen Lebenssphäre mit „außen". Um sich mit „außen" zu verknüpfen, hat der einzelne, wenn er es überhaupt wünscht, mehrere Möglichkeiten. Eine davon sind die Medien. Daß ihre Nutzung zu spezifischer Weltsicht führt, belegt auch die Frage nach ihrer eigenen Zukunftsangst, die Jugendlichen im Bayerischen Wald im Rahmen einer Untersuchung über Freizeitverhalten vorgelegt worden ist — übrigens während der Nachrüstungsdiskussion 1983. Dabei bekennt über die Hälfte politisch motivierte Zukunftsängste vor Krieg — mit weitem Abstand an der Spitze —, vor Arbeitslosigkeit und Umweltzerstörung. Setzt man nun Zukunftsangst in Beziehung zu den jeweils benutzten Informationsquellen, so korreliert sie am stärksten mit der Nutzung der überregionalen Presse, der Fernseh- und Rundfunknachrichten: Zukunftsangst ist ganz erheblich massenmedial eingepflanzt. Wer die genannten Medien weniger nutzte, äußerte auch weniger Angst. Heißt das, daß die Medien nur ein Problem bewußt gemacht und ihre politische Pflicht erfüllt haben? Heißt es, daß die Fernsehpräsentation von Ereignissen kraft medialer Eigengesetzlichkeit besonders zu Ängsten und Emotionen führt? Jedenfalls verbreiteten die Massenmedien umfangreich Positionen und Ängste, nach denen Nachrüstung das Kriegsrisiko erhöhe — eine Sorge, die sich, wie wir heute wissen, als unbegründet herausstellte. Dafür gab es freilich schon damals gute Argumente. Dagegen erwies sich die Angst „als medial induziertes falsches Bewußtsein"[91], vielleicht auch nur als Stimmungstrend im politischen Wandel. Medienkonsum führte offenbar in hohem Umfang zu persönlicher Emotionalisierung statt zu Rationalität und Wissensgewinn. Interpersonale Kommunikation drängte dagegen vielleicht nicht gerade hohes Problembewußtsein auf, aber eben auch keine falsche Lagebeurteilung.

## *Neue Affektivität: Die Unterwerfung rationalen Urteilsvermögens*

Dieser Befund zur Zukunftsangst Jugendlicher scheint die neueren Ansätze zu bestätigen. Die Sozialisationsforschung hat nicht nur festgestellt[92], daß Medieninhalte wirken. Sie hatte auch frühzeitig darauf aufmerksam gemacht, daß Medien das politische Geschehen weit weniger komplex darstellen, als es in Wirklichkeit ist. Nachrichtensendungen betonen zudem Einzelereignisse und Personen, während sie längerfristige Strukturen und Prozesse vernachlässigen. Ein realer Informations-, Bildungs- und Partizipationsgewinn scheint nur dann vorzuliegen, wenn sich der politisch Interessierte nicht oder nicht nur dem politischen Angebot des Fernsehens, sondern auch dem der Zeitungen zugewendet hat. Die Hauptinformationsquelle ist jedoch das Fernsehen (60 %), nicht die Zeitung (nur 30 %). 74 Prozent der jungen Erwachsenen (25—29 Jahre) sehen häufig oder regelmäßig TV-Nachrichten, immerhin noch 50 Prozent der 16- bis 19jährigen[93]. Zugleich räumen junge Leute dem Fernsehen auch beträchtlichen Einfluß auf ihre politischen Meinungen ein. Es ist für sie nicht nur das wichtigste, sondern auch das glaubwürdigste Medium[94] vor Zeitung und Radio. Dieser Befund gilt übrigens nicht nur für die Jugend, sondern für die Bevölkerung allgemein[95].

Zugleich zeichnet sich seit neuestem eine andere, bedenklichere Tendenz ab, die eine Vertiefung von Information und Rationalität durch Medienkonsum eher unwahrscheinlich macht: die Neigung zu wachsender Elektronisierung des wahrgenommenen Informationsangebots. Die Zeitung tritt seit den achtziger Jahren als zusätzliche Informationsquelle und als vertiefendes Korrektiv zurück[96] — eine Fehlentwicklung. Überwiegend fernsehbestimmte politische Sozialisation muß daher auch die gleiche Kritik auf sich ziehen wie die Fernsehinformation selbst. Mit der Fernsehvermittlung hat die Politik bei den Rezipienten zwar an Interesse gewonnen, aber an Seriosität verloren: Politik als unterhaltsames Schauspiel — wir sprachen davon.

Dabei ist der politische Prozeß durch zunehmende Komplexität gekennzeichnet; er stellt daher an die politische Kommunikationsfähigkeit hohe Ansprüche. Effizienzbeweise der Institutionen — ohnehin problematisch genug — reichen nicht mehr aus, sobald akzeptiert ist, daß Legitimität ständig kommunikativ eingelöst werden muß. Damit stellt sich die Frage nach der Darstellung und Wahrnehmung der aktuellen Politik.

Die neuesten Daten weisen die ungebrochene Faszination des Fernsehens aus. Nach wie vor ist es Primärquelle für politische Information, der hohe Glaubwürdigkeit zugewiesen wird: Entzöge man es dem Publikum, würde es in diesem Bereich mehr vermißt als jedes andere Medium. Prestige und Bindung sind eine Folge der Suggestion, die Wirklichkeitstreue der sprachlich vermittelten Information werde durch die Illustration bewiesen. Fernsehen verleiht seinen Botschaften durch Bilder einen besonders hohen Grad an Ausdruckskraft, Attraktivität und Glaubwürdigkeit[97].

Andererseits unterliegt das Fernsehen durch die ihm eigene Gesetzlichkeit in hohem Maße dem spezifischen Aktualitätsgebot: Wirklichkeit ohne Neuigkeitswert erscheint nicht berichtenswürdig. Das gilt auch für Zeitung und Rundfunk.
So vermitteln Medien eine einseitige Auswahl aus der möglichen Beschreibung des Ganzen, dessen Großteil keiner spektakulären Veränderung unterliegt. Die Folge ist ein für den Rezipienten künstlich dynamisiertes Bild einer sich stets und ständig wandelnden Welt.
Die hier angedeuteten Prozesse werden durch die Eigengesetzlichkeiten des Fernsehens verschärft: Visualisierung, Personalisierung, Ritualisierung. Informationen, die nur verbal zu vermitteln sind, haben eine geringere Chance, präsentiert zu werden, sind schwerer zu verstehen und erzeugen weniger Aufmerksamkeit. Themenkarrieren können bewußt gesteuert werden; Informationsverweigerung oder Illustrationsverweigerung beenden die Aktualität von Themen oder lassen sie gar nicht erst entstehen. Politische Systeme, die sich des Kommunikationssystems bemächtigen, können durch solche Verweigerung Elemente der Wirklichkeit von der Wirklichkeitsvermittlung fast ausschließen. Zum anderen wird fast ausschließlich das „Zeigbare" dargestellt. Hintergründe und Zusammenhänge, die eine Einordnung des Gezeigten ermöglichen, treten zurück, weil sie schwer gezeigt werden können. Das Weltbild reduziert sich auf ausschnitthafte, durch pointierte Bildkürzel dramatisierte Effekte und Episoden. Bevorzugt darstellen lassen sich Personen und ihre Handlungen. Die Folgen: Nur wenige Politiker kommen zu Wort; der kommunikative Positionsvorteil der Regierung gegenüber Parlament und Opposition wird verstärkt; Politik findet überdies

immer in den gleichen Situationen statt, ihre Vermittlung konzentriert sich auf die stets gleichen Rituale.
Der reale Ablauf politischer Willensbildungs- und Entscheidungsprozesse läßt sich jedoch nicht visualisieren: „Die zunehmende Komplexität und die Abstraktheit politischer Probleme sind in ihrer Mehrdimensionalität nur noch in parlamentarischen Ausschüssen, Expertenkommissionen und Diskussionen innerhalb der Exekutive erkennbar, für das Fernsehen werden sie unvermittelbar[98]." Als Ursache für die kritisierte Personalisierung und Ritualisierung der Politikvermittlung gilt der fernsehbedingte Visualisierungszwang. Die demokratische Legitimität hat — wie es Jean-Marie Cotteret und Wolfgang Bergsdorf ausdrücken — mit der Herausforderung der Legitimität aus der Röhre zu rechnen[99].
Die Verkürzungen der Fernsehinformation werden als bekannt vorausgesetzt, ebenso ihre Probleme[100]. Die frühzeitig erkannte Chance, durch Emotionalisierung Aufmerksamkeit zu gewinnen, sei eigens genannt, weil sie zu kritischen Positionen führt, die ebenso scharf wie bisher folgenlos formuliert worden sind: Schwartzenberg beklagt die „Privilegisierung der Formen mageren intellektuellen Inhalts, die Begünstigung einer ultrapersonalisierten ... Kommunikation"[101] — kurzum die Unterwerfung rationalen Urteilsvermögens unter eine neue Affektivität. Man sollte auch Neil Postman ernst nehmen, wenn er den Verfall rationaler Urteilsbildung beklagt. Während die Bewältigung der politischen Probleme immer mehr Rationalität und Kompetenz verlangt, suggerieren ihre Darstellungsformen und ihre Perzeption bei den Wählern eher das Gegenteil.

*Destabilisierung von Werten und Institutionen?*

Medien verwalten hohes gesellschaftliches Potential; im Gefolge des technologischen Wandels wird sich dies noch weiter verstärken[102]. Der neue (auch: politische) Individualismus hat mit der gestiegenen sozialen Kommunikation zu tun. In einer mobilen Gesellschaft verschwimmen zugleich die Konturen des Moralischen und der Bewertungsmaßstäbe. Was sich als Toleranz gibt, ist oft nur Unsicherheit gegenüber abweichenden Verhaltensweisen.

Im politikrelevanten Bereich vermindert die erhöhte Informationsmenge die Sicherheit des Urteils zugunsten affektiven Engagements. Die Medien halten nur solche Elemente für nachrichtenfähig, die Veränderungen anzeigen. Otto B. Roegele hat die These aufgestellt, daß in das künstlich dynamisierte Bild einer sich rastlos verändernden Welt auch Werte und Normen einbezogen werden[103]. Der Rezipient werde irritiert und wankend, wenn das von der Norm Abweichende ständig größere Chancen öffentlicher Aufmerksamkeit besitze. Nicht aus intellektueller Einsicht, sondern aus dem Gefühl, die bisherigen Werte seien zur Ausnahme geworden, würden die neuen Botschaften übernommen. Natürlich ist dies ein „weiches", mit Methoden empirischer Forschung noch nicht erwiesenes Argument (wiewohl es in der politischen Theoriegeschichte nicht ohne Vorläufer ist). Insofern muß man aufhorchen, wenn Helmut Klages, dessen Verdienste um die empirische Erforschung des Wertwandels wirklich nicht bestritten werden können, nun zu ganz ähnlichen Aussagen für die Entwicklung seit Ende der sechziger Jahre kommt[104]. Er spricht von der Delegitimierung von Wertüberzeugungen und vom Identitätsverlust, der es den Bürgern

nicht erlaube, stabile Einstellungen und Verhaltensorientierungen herauszubilden. Als Mitverursacher spricht er verschiedentlich die Medien an, freilich ohne einen empirischen Nachweis zu führen.
Sieht Klages mehr auf das Individuum, so Roegele mehr auf das politische System. Eine Destabilisierung des Normensystems trifft natürlich eine wertgebundene Ordnung im Kern: Abfall vom Konsens in diesen Fragen trifft politische Kultur an ihrer Wurzel. Die Institutionen stehen gegenüber solchen Angriffen auf verlorenem Posten, während es eigentlich ihre Aufgabe wäre, den Wertkonsens im Wandel zu bewahren oder sozialen Wandel zumindest wertorientiert zu steuern. Ähnlich sieht das auch Ronneberger[105], für den die Bewahrung des Grundkonsenses ein permanenter Kommunikationsvorgang ist, angewiesen auf die Unterstützung der Medien und Journalisten. Gerade an dieser Unterstützung bestehen Zweifel.
Weithin die gleichen Ursachen werden für die nachlassende Verbindlichkeit der Institutionen angegeben. Ihnen gegenüber ist der Journalismus oft nicht nur eine hyperkritische Instanz. Er schwächt sie, wo sie im Wandel abzuwägen haben. „Der Journalismus nimmt sich dagegen die Freiheit, die Zukunft zu antizipieren, also im vorhinein zu entscheiden, was dem System dienlich sei. Er mißt die ‚Gesundheit' des Systems an Normen, die er selbst setzt, wobei die Neigung besteht, das Neue grundsätzlich dem Älteren vorzuziehen. Das Abschneiden alter Zöpfe kann unter Umständen den ganzen Kopf kosten und das Zertrümmern von Tabus den Zusammenbruch der ganzen Ordnung auslösen[106]."
Eine weitere Herausforderung liegt in der obrigkeitsstaatlichen Fehlinterpretation staatlicher Institutionen. Wo politisches System und Mediensystem die

gleichen Werte teilen, müßte das Verhältnis zwischen Institutionen und Medien eher partnerschaftlich als gegnerschaftlich sein.
Die dritte Herausforderung spielt sich auf der Verfahrensebene ab, auf welcher vor allem die unkonventionellen Aktions- und Protestformen aktiver Minderheiten hohe Aufmerksamkeit und große Medienchancen genießen. Wer bestimmte Ziele erreichen will, muß zur Folgerung kommen, dies nicht innerhalb oder mit den Institutionen zu versuchen, sondern gegen sie und neben ihnen. Die normalen Formen politischer Willensbildung atmen Konventionalität. Sie scheinen sich öffentlicher Aufmerksamkeit geradezu zu entziehen. Aber immerhin sind dies die demokratischen Verfahrensweisen, welche die Verfassung kunstvoll konstruiert und anbietet, und zwar als wichtigen Bestandteil der politischen Kultur. Ihre Herausforderer suchen die Eigengesetzlichkeit der Medien zu nutzen — von der Ausreizung der Grenzen der Verfassung bis hin zur terroristischen Propaganda der Tat[107].

### *Unterwerfung und Instrumentalisierung: Politik und Medien als gegenseitige Opfer*

Den Medienzwängen folgend, haben Politik und Politiker sich wenigstens nach außen hin diesem oberflächlichen und kurzatmigen Rhythmus angepaßt. Ihre Anpassung widerspricht der Wirklichkeit, die zur Bewältigung der politischen Probleme immer mehr Rationalität und Kompetenz verlangt. Aber der kommunikative Brückenschlag zum Großteil der Wähler gelingt anscheinend nur dann gut, wenn die Politik sich anders gibt, als sie tätsächlich sein muß. Politische Führung ist ja nicht einfacher geworden. Sie muß sich nur einfacher darstellen — gemäß den Gesetzmäßigkeiten der Medien. Das wirft zwei Probleme auf[108]. Zum einen gibt es eine tiefe Kluft zwischen dem Handeln der Politiker im Entscheidungsprozeß und ihrem Auftreten in der Öffentlichkeit, also im Legitimationsprozeß. Eine Kluft, die der Politiker wahrscheinlich nur durch Zynismus überbrücken kann. Zum zweiten hat der Wandel in der Form offensichtlich doch auch auf die Substanz zurückgeschlagen. Die Politik gibt sich nach außen nicht nur anders, als sie grundsätzlich ist, sondern sie ist ein Stück weit auch anders geworden, als sie sein dürfte. Theater, Themenverschleiß, Diskontinuität haben auf diese Weise Einzug gehalten. Daß man heute als Jahrhundertidee preist, was gestern noch als unzulänglich und kontraproduktiv verworfen wurde, kann nur in einem solchen rationalitätsentleerten Klima politischer Kommunikation geschehen, das kein Gedächtnis kennt und opportunistisch auf die „reinigende" Kraft der Informationsüberflutung setzt, die in Wahrheit eine Informationsverschmutzung darstellt. Denn sie kalkuliert gelegentlich ganz offensichtlich die begrenzte Reiz- und Problemverarbeitungskapazität der Bürger mit ein. Selbstverständlich kann und soll sich Kritik nicht gegen die Fähigkeit zu lernen richten, nicht gegen die politische Tugend, jeden Tag klüger zu werden. Aber Kritik muß sich gegen eine Politik richten, die, statt Probleme zu lösen, bloß kommunikative Daten setzt.

Zu beobachten sind z. B. seit gut einem Jahrzehnt Versuche, unsere Sehweise der politischen Realität durch Sprache festzulegen[109], durch Sprachgestaltung politische Suggestionen einzuführen oder auch bewußt begriffliche Vieldeutigkeit als Mittel politischer Auseinandersetzung zu gebrauchen. Wer dem Bürger Rationalität zutraut statt nur emotionale Sichtweisen, würde ihm eher mit Präzision und Definition begegnen, um ihm Orientierung zu ermöglichen. Aber die Politik sieht den Bürger im Medienzeitalter offenbar weithin anders. Vor Jahren war schon zu erkennen: Je substanzentleerter, handlungsunfähiger und hilfloser Politik sich darbietet, um so perfekter scheint sich oft ihr sprachgestalterisches Genie zu entwickeln. Anscheinend kommt es gar nicht immer darauf an, Antworten auf drängende Fragen zu finden; für den Erfolg reicht es schon, keine Antworten in wohlklingende Formeln zu verpacken. Substantielle Politik wird auf diese Weise durch Sprachstrategie ersetzt.

Alle politischen Lager in der Bundesrepublik suchen heute mindestens ebensosehr nach zündenden Begriffen, wie sie nach richtigen Lösungen forschen. Nichts spricht dabei gegen zündende Formeln für gute Lösungen, alles aber gegen lösungsarme Worthülsen, die weder wirkliche Kommunikation, noch Sinn, noch Integration zu stiften vermögen. Gentz sagte zu Beginn des 19. Jahrhunderts, die Macht handle, aber sie erkläre sich nicht. Heute hat die Macht bisweilen einen geschwätzigen Drang, sich zu erklären. Die Medien ermöglichen, ja sie verlangen es. Und die Politik, in der Demokratie notwendigerweise öffentlichkeitsorientiert, inszeniert sich willig als Medienereignis. Sie nutzt aber ebenso die Medien für ihre Intentionen.

Grundsätzlich ist es wohl legitim, wenn Entscheidungsträger in die Rolle von Meinungsmachern schlüpfen, um ein Meinungsklima zu erzeugen, das ihre politische Entscheidung erleichtern soll. Dies ist sogar das tägliche Brot des Politikers. Denn der Erfolg seiner Politik hängt wesentlich von der öffentlichen Unterstützung ab, die sie findet. Schließlich ist Politik im parlamentarischen Regierungssystem Ringen um

die Mehrheit und die Chance, Ziele durchzusetzen und politisch gestalten zu können. Aber die Politik versteht es inzwischen ganz gut, sich der Medien und ihrer Eigengesetzlichkeiten zu bedienen. Sich in diese Eigengesetzlichkeiten einzufühlen und sie vorwegzunehmen, eröffnet durchaus Möglichkeiten, Inhalt, Dosierung und Zeitpunkt wichtiger Informationen zu bestimmen, zugespitzt: Politik gelegentlich termingerecht „aufzuführen". Es geht dabei nicht nur um die mehr oder weniger ausgeprägte Kunst, Erfolge im Vorfeld von Wahlen zu inszenieren. Es geht bereits um die dramaturgische Konstruktion in sich schlüssiger, mittelfristig angelegter, erfolgversprechender Entscheidungs- und Kommunikationsstrategien.
Allerdings wird immer wieder auch das Gegenteil versucht — gerade auf brisanten und wichtigen Themenfeldern. Dann wird der Kern der Probleme und Entscheidungen hinter einem Wall von Begriffskosmetik und vermeintlicher, in Wahrheit aber nebensächlicher Informationsfülle den Blicken der Öffentlichkeit entzogen. Die mit Informationen gefütterten Medien sind dann in Wirklichkeit abgespeist und instrumentalisiert. Mediendemokratie scheint zu bedeuten, daß bisweilen die Politik den Medien, bisweilen aber auch die Medien der Politik zum Opfer fallen. Bisweilen funktioniert aber auch politische Öffentlichkeit reibungslos und nahezu routinemäßig. Es wäre unfair, das nicht zu erwähnen.
Unbezweifelbar ist jedenfalls, daß Notwendigkeit und Zwang zur Darstellung des Politischen auf der Medienbühne erheblich zugenommen haben und daß die medienbedingten Formen der Politikdarstellung Rückwirkungen auf die Inhalte der Politikführung besitzen. Wenigstens in den äußeren Abläufen und ihrer öffentlichen Einschätzung haben sich die Medien inso-

fern stark der Politik bemächtigt. Schwartzenberg sagt, sie hätten sie degradiert.
Ebenso haben sich die Medien der Politiker bemächtigt und zum Aufstieg des Starsystems in der Politik geführt. Im Fernsehzeitalter werde Politik „durch redende Köpfe gemacht“, hinter denen die wichtigen Themen verschwänden, kritisierte jüngst der österreichische Fernsehjournalist und Exminister Franz Kreuzer. „Personenkult und Personenhatz“ seien Kennzeichen der Epoche[110]. In der Tat führt die insbesondere vom Fernsehen bewirkte Personalisierung zur Bevorzugung eines bestimmten Politikertyps. Helmut Schmidt hat einmal auf die Frage, was sich denn für den Kanzler seit Adenauer wesentlich gewandelt habe, geantwortet: „Es gab kein Fernsehen, Adenauer brauchte nicht immer ein staatsmännisches Gesicht zu machen ... Das Monster Fernsehen hat radikal die Welt verändert.“
Festzuhalten bleibt, daß es gerade für die politischen Führer wichtig geworden ist, das Maximum an Nutzen aus den Massenmedien zu ziehen, daß zum politischen Führer in jedem Fall leichter wird, wer entsprechende natürliche Talente mitbringt, und es nur werden kann, wer den Gesetzlichkeiten des Bildschirms seinen Tribut zollt: d. h. keine politische Szene mehr ohne Maskenbildner und ohne „media consultants“. Persönliche „Tugenden“ überlagern zunehmend politische. Telegenität, die Beherrschung des spezifischen journalistischen Zeichensystems, Kontakfähigkeit, Publikumswirksamkeit gelten als erfolgversprechende Persönlichkeitseigenschaften. Keine von ihnen verrät primär politische Talente.
Image oder Inhalte, das ist die Alternative, vor der wir zu stehen scheinen. Zumindest läßt sich eine Tendenz dorthin nicht leugnen. Dabei erstreckt sich diese Al-

ternative nicht nur auf Personen, sondern auch auf politische Aussagen, Konzepte, Programme — zumindest wenn Programme symbolischen Charakter gewinnen und es auf die Sache nicht mehr ankommt, sondern, an den Gesetzmäßigkeiten des Medienmarktes orientiert, auf den Eindruck, der sich von ihr erwecken und vermitteln läßt.

Im unsäglichen Bonner Sommertheater 1987 wurden in diese Art Kommunikationsplanung aus durchaus opportunistischen Motiven auch die Menschenrechte einbezogen — ein Thema, das vielleicht doch zu ernst ist, um nur für die Suche nach wählerwirksamen „richtigen Themen und Begriffen" instrumentalisiert zu werden. Der Generalsekretär der CDU sorgt sich nur um das Erscheinungsbild seiner Partei: „Nicht die Taten bewegen die Menschen, sondern die Worte über sie." Daß es auf positive Darstellungen ankomme, mag kommunikationstheoretisch zutreffen, substantiell nicht. Von daher gibt es in der Tat politischen Dissens darüber, ob der Schein Vorrang haben muß oder die Wirklichkeit[111].

Die Vermutung stellt sich ein, daß die Inhalte sogar in immer kürzeren Abständen austauschbar werden, solange es nur gelingt, eine positive Grundstimmung zu erhalten und Image zu bewahren. In letzter zynischer Konsequenz zu Ende gedacht, können dann positive Stimmung und das Image von Personen Inhalte überhaupt zur Beliebigkeit und Belanglosigkeit degradieren.

Schuld daran ist die neue, spielerische Sicht des Politischen. Offenbar führte die Ausbreitung des Fernsehens gar nicht zu angemessenem politischen Interesse. Sie hat die Menschen, wie gesagt, nicht wirklich politisiert, sondern eher auf eine gefährliche Weise „anpolitisiert". Sie hat sie nicht für die Politik gefangengenommen, sondern für die politische Dramaturgie und für die politischen Entertainer. Politik als Showbusiness aktiviert in Wahrheit nicht. Sie verleitet zum Zuschauen – und dies bei einem Spiel, das angesichts der Kluft zwischen Show und Wirklichkeit für die Mehrzahl seiner Betrachter allmählich undurchschaubar zu werden verspricht. Die Massenmedien, insbesondere das Fernsehen, beeinflussen nicht nur Gestalt und Bild der Politik, sondern auch die überwiegend passive Art[112], in der die Bürger sich ihr zuzuwenden pflegen. Oder sie befördern punktuelle, rein themenbezogene Aktionsbereitschaft, die sich aus Emotionalisierungsphasen speist. Beide Verhaltensweisen entsprechen nicht gerade dem Idealbild demokratischer politischer Kultur, welches in rationalen Entscheidungsprozessen und in einem sich rational beteiligenden Bürger gründet. Aber sie entsprechen dem Bild einer mediengestützten Stimmungsdemokratie.

## Was tun?

Offensichtlich widerspricht es der menschlichen Natur, die Welt – das Menschliche, Gesellschaftliche und Politische – vor allem mit nüchternen Augen zu betrachten. Der Sensations- und Emotionsgier verdanken die Medien überhaupt erst ihre Entstehung – freilich in voraufklärerischen Zeiten. Katastrophen, Himmelszeichen, Kriegsgeschrei und Friedenskundgebungen, Mißgeburten von Mensch und Tier, Deformationen von Pflanzen: all dies waren bevorzugte Themen der frühen Publizistik, insbesondere der Einblattdrucke und Newen Zeitungen im 16. Jahrhundert, aus denen sich später die periodische Presse entwickelt hat. Es bestand eine Informations- und Beschäftigungslust am Anomalen. Und es gab damals schon den Nervenkitzel der Untergangsvisionen. Denn all diese Anzeichen, die so ausführlich und anschaulich wie nur möglich dargestellt wurden, galten als Vorzeichen von Weltuntergang und Zeitenwende, als Vorboten der Erscheinung der Apokalyptischen Reiter. Diese frühneuzeitliche Welt war ein Kosmos von Verhängnis und Todesfurcht. Das Reformationszeitalter tat das Seinige hinzu: Die Welt sei verderbt, die gerechte Strafe würde ihr bald zugemessen. Weltuntergangsberechnungen allenthalben – aber auch die Instrumentalisierung von Furcht und Schrecken, um die Menschen für eine Lehre zu gewinnen, sie zum „Richtigen" zu bekehren. Immer wieder sind es Naturereignisse, die als Zeichen des Unterganges interpretiert werden[113].

Allerdings waren die Eiferer und Publizisten Kinder ihrer Zeit. Sie haben die Ängste nicht erfunden, die in der Welt waren. Sie haben sie ausgesprochen und illustriert. Die frühen Medien waren ein Spiegel ihrer Zeit – und jede Zeit, schreibt der Zeitungshistoriker Karl d'Ester, „hat die Zeitung, die sie verdient“ [114]. Es waren elende Zeiten.

## *Die Angst: Ein Teil der Wirklichkeit*

So elend sind die Zeiten heute nicht. Dennoch wird man Inhalte und Attitüden der damaligen Publizistik in der heutigen wiedererkennen. d'Ester wagt denn auch im Jahre 1928 die Parallelisierung mit den damaligen Bilderblättern, die natürlich auch und gerade in unseren Tagen gerechtfertigt ist. Allerdings beherrschen diese Inhalte die heutige Publizistik nicht mit der frühneuzeitlichen Ausschließlichkeit. Ebenso ist auch unsere Zeit nicht derart total im Würgegriff von Angst und Apokalypse. Angst und Untergangsstimmungen sind in der Welt, moderne Bußbewegungen gibt es; aber all das ist nur ein Teil der gesellschaftlichen Wirklichkeit, in der eben auch, reflektierend oder nicht, unverbesserliche Optimisten leben. Das heißt, diese Stimmungen beherrschen uns nicht völlig. Ebensowenig ist die Gesellschaft insgesamt den Ängsten ausgeliefert, da ganz anders als zu jener Zeit durchaus in aller Regel hinlängliches Wissen vorhanden ist, um in rationale Auseinandersetzungen einzutreten. Das Problem ist nur, daß das Wissen sich vernehmlich machen können und machen wollen muß. Vor allem: Es müßte sich verständlich machen. Überall, wo sich die Gesellschaft heute herausgefordert sieht, stehen wir vor der Aufgabe, das Expertenwissen, durchaus mit allen seinen Skrupeln und allem Wenn und Aber, für den Alltag und die Alltagskommunikation einigermaßen verfügbar zu machen. Wenn diese Zeit in ihren Ängsten versinken oder zumindest politisch mit ihnen nicht zu Rande

kommen sollte, wird die wesentlichste Ursache dafür sein, daß sie diese Aufgabe nicht gemeistert hat; vielleicht vor allem deswegen, weil der Sachverstand die adäquate Ausdrucksform nicht gefunden hat.
Noch ist also das Bild der modernen Gesellschaft differenziert. Die Stimmungen sind nur *eine* Tendenz, wenn auch keine geringfügige. Insbesondere sind sie politisierbar, da der demokratische Staat per definitionem meinungs- und stimmungsoffen ist. Unter seinen Prämissen muß immer um politische Rationalität gerungen werden. Schließlich ist gar nicht zu leugnen, daß uns die moderne Entwicklung von Wissenschaft, Technik und Politik an die Schwelle gewaltiger wissenschaftlicher, ethischer und politischer Herausforderungen geführt hat. Nichts davon ist kleingehackt und mundgerecht. Das soll heißen: Trotz der Fülle des gesellschaftlichen Wissens steht der einzelne relativ ratlos vor den Problemen, weil gerade die Wissensfülle seinen Horizont übersteigt. Im Zeitalter des Wissens angesichts existentieller Nöte keine Erklärungen für sie verfügbar zu haben, schafft Verunsicherung. Wo die Komplexität eines Problems es individuell unfaßbar macht, obwohl es nahe ist, dort gerät der moderne Mensch in strukturelle Verwandtschaft zu seinen Vorfahren, die nichts erklären konnten und denen deshalb vieles dubios, ja numinos erschien. Er gerät in diese Verwandtschaft zumindest so lange, wie ihn die Wissenssysteme allein lassen. Gerade deswegen erhebt sich an diese die Forderung, sich vernehmlich und verständlich zu machen.

## *Zwei Strategien*

Zur Beantwortung der Frage „Was tun?“ lassen sich mit Kurt Sontheimer[115] zwei Strategien empfehlen, die sich zu widersprechen scheinen, in Wirklichkeit aber ergänzen. Die erste Strategie besteht darin, nicht nur die brisanten politischen Zuspitzungen, sondern auch die Tatsache des generellen Bewußtseinswandels ernst zu nehmen: als tiefgreifenden gesellschaftlichen Prozeß, der zwar intellektuell von Minderheiten intensiv gefördert worden sein mag, der aber doch durch den rapiden sozialen Wandel und die Beschleunigung der innovatorischen Entwicklungsschübe der westlichen Industriegesellschaften auch ganz wesentlich selbst geschaffen worden ist. Ängste und Entfremdungserfahrungen sind Ausdruck einer Krise unseres Selbstverständnisses. Sie abzubauen „setzt vor allem eine Erziehung zu nüchterner Wirklichkeitserkenntnis und zum verantwortungsvollen Gebrauch unserer Freiheit voraus, beides Dinge, in denen wir Deutschen nicht besonders bewandert und erfahren sind“[116].

Die zweite Strategie ist die der kritischen Auseinandersetzung. Ängste und Emotionen sind nicht tabu. Sie sind eben nicht ein besonderer, Unantastbarkeit gewährender Ausweis des Menschseins. Sie gehören auf den Prüfstand der Rationalität. Ebensowenig angemessen sind eindimensionale Lösungsvorschläge und Politikoptionen. Sie gehören auf den Prüfstand jener komplexen Herausforderungen, die uns bedrängen. Prüfstand und Lösungsvorschläge können nicht simpler sein als die gestellten Fragen. Das Feld öffentlicher Bewußtseinsbildung darf nicht allein den Positionen überlassen bleiben, „die die Bewußtseinskrise unserer Gesellschaft zum Teil unter Mißachtung der Vernunftregeln bewußt verschärfen“[117], um Gegensätze zwischen Bewußtsein auf der einen sowie Werten und Institutionen auf der anderen Seite zu erzeugen.

*Drei Problemfelder*

Auf dem Felde öffentlicher Bewußtseinsbildung stehen viele Themen an. Sie bündeln sich vielleicht in jenen drei Fragestellungen, die hier kurz gestreift werden sollen:

Zunächst die Tendenz zum Ausstieg aus der Geschichtlichkeit. Angesichts der tiefempfundenen Gefährdungen sollfen Umwelt und Kultur gestalterischen Zugriffen entzogen und die Normalität des gewohnten Lebens erhalten werden[118]: ein Politikverbot, das die Legitimität des Wandels überhaupt bestreitet. Es ist die Frage, was übrigbleibt, wenn die physischen und kulturellen Bestände tabuisiert werden sollen. Tatsächlich ist jedoch der zweckrationale Zugriff dringend geboten. Welche Mittel sind erforderlich, um die natürlichen Lebensgrundlagen zu schützen? Was ist das Normale, das unversehrt bleiben soll? Gibt es nicht sehr unterschiedliche Entwürfe von dem Paradies, das es festzuhalten gilt — oder auch nur von dem gerade noch als erträglich erscheinenden Zustand? Jede Definition kann nur der jeweils eigenen Ideologie oder dem je eigenen Politikentwurf angepaßt sein. Der Gedanke ist atemberaubend irreal, die Menschheit könnte „zum Augenblicke sagen, verweile doch, du bist so schön“: ein Ausstieg aus der Geschichtlichkeit statt Steuerung des geschichtlichen Wandels nach ethischen Maximen. Der Traum von einem (noch) einigermaßen heilen Zustand — heil zumindest in Konfrontation mit den Schreckensszenarien der Worst-case-Projektionen — befreit sich von den aktuellen Nöten des Details und dispensiert sich von der Politik. Gewohnheit als Kriterium der Normalität kann nur individualistisch und gefühlsabhängig sein. Dieser Ausstieg desertiert von den Problemen, statt einen Beitrag zu ihrer Lösung zu versuchen. Er ist

dazu nicht fähig, weil er zur Anstrengung der Rationalität gar nicht vordringen will.
Sodann die Gefährdung der Pluralität: Moral- und stimmungsgeladene Selbst- und Heilsgewißheit führen zwangsläufig dazu, Homogenitätspostulate zu erheben. Gefordert wird freilich nur mehr Konsens. Verschwiegen wird dabei, daß jeder zusätzliche Konsensdruck Alternativen und Pluralität eingrenzt. Daß beide gänzlich verschwinden, liegt auf der Hand, sobald Besitzansprüche auf politische Wahrheit erhoben werden und sobald diese Wahrheit zur inhaltlichen Vorgabe umfassender gesellschaftlicher und politischer Homogenität gemacht wird. Wer kann beanspruchen, die „wahren" Interessen der Allgemeinheit zu definieren — und sie dann gegen die faktische Interessenvielfalt auch durchzusetzen? Die Demokratie ist durch die Chance zum Streit charakterisiert, die Stimmungsdemokratie durch den Tugendterror, der keinen Streit mehr zuläßt, weil es ihm um eine Politik aus einem Guß geht, die nicht mehr unterscheidet zwischen dem schmalen Grundkonsens über Prinzipien des Verfassungssystems und dem kontroversen Bereich der Problemlösungen. Wer das Gute politisch zu wissen glaubt, ist moralisch genötigt, Alternativen dazu keine Chance zu lassen; denn sie sind böse: die ganze Politik wird zum Konsensbereich. Aber keineswegs bleibt dann mehr eine Chance, Konsens frei und aus pluralen Alternativen zu bilden. Es gibt nur *ein* Ziel und wohl auch nur *einen* Weg. Dieser Ansatz begräbt letztendlich nicht nur die Freiheit, sondern auch die gesellschaftlich-politische Kreativität — und vor allem Liberalität.
Schließlich die Verfehlung der Wertbasis unseres Staates: Politik in der Bundesrepublik vollzieht sich im Rahmen einer wertgebundenen Ordnung, welche die

ethischen Fundamente humaner Gesellschaft auf Dauer zu sichern sucht, und zwar aus historischer Erfahrung. Wenn nun von den Visionären des Untergangs in Anspruch genommen wird, allein ihnen stelle sich die Aufgabe, die eigentlich Aufgabe der vielen sein sollte, nämlich die Rettung von Natur und Menschheit, dann liegt in diesem Exklusivitätsanspruch die ignorante und fahrlässige Unterstellung, der die wertgebundene Ordnung konstituierende Grundkonsens tauge nicht zur Sicherung von Leben und Überleben. Tatsächlich teilt er dieses Ziel nicht nur; es ist sogar sein Kern. Die Karlsruher Formulierung, zu den grundlegenden Prinzipien dieser Ordnung gehöre vor allem das „Recht der Persönlichkeit auf Leben und freie Entfaltung", macht in aller Deutlichkeit darauf aufmerksam. Es mag in der globalen Wirklichkeit noch andere ethische Orientierungen geben. Aber es gibt kein einziges Problem im Umfeld des Lebens-, Umwelt-, Friedens- und Freiheitsschutzes, das nicht auf den ethischen Kern der freiheitlich-demokratischen Grundordnung rückbezogen und aus jenen Orientierungen gelöst werden könnte, die dieser Kern einschließt. Das heißt aber nicht, daß es entlang dieser Orientierungen immer nur einen einzigen Weg gäbe. Genau das meinen aber jene, für die sich aus der tiefen Ergriffenheit von ihrer eigenen Zielvorstellung „auf wunderbare Weise auch die Welt des Politischen wieder zu einem sinnvollen Kosmos, mit eigenen Gravitationsgesetzen (fügt), ohne die politische Urteile ebenso wie moralische Verdikte ziel- und richtungslos bleiben"[119]. Diese Sprache ist verräterisch. Sie zeigt die Unduldsamkeit und den Herrschaftsanspruch dieser, wie es an gleicher Stelle heißt, „unbeugsamen Minoritäten": Denn sie verfügen über ein unangreifbares Ziel — die Rettung von Natur und Menschheit — und zugleich über einen politisch sinnvollen Kosmos (also die Wahrheit), der ihnen allein den richtigen Weg zu diesem Ziel weist. Tatsächlich gibt es über den Weg legitimen Streit, es gibt politische Alternativen. Beides läßt eine Position nicht mehr zu, die über Untergangs- *und* Rettungsvision verfügt und zwischen beiden für sich eine direkte Linie zieht.

Damit sind wir erneut bei der Beschädigung politischer Pluralität angelangt. Das verwundert nicht, da der Schutz dieser Pluralität, aus dem Respekt vor der Würde und Freiheit der Individuen wachsend, zum innersten Kern der wertgebundenen Ordnung gehört. Tatsächlich wollen die „unbeugsamen Minoritäten" nur eine andere Politik. Sie versuchen aber diese Politik dadurch unangreifbar zu legitimieren, daß sie für sich allein eine konsensfähige ethische Basis reklamieren. Aber unter Berufung auf die in Rede stehenden „neuentdeckten" Werte und Zielbenennungen kann einen neuen Grundkonsens nur fordern, wer den alten und seine fundamentale Wertorientierung nicht zur Kenntnis genommen hat und ihn daher verfehlt. Verfehlt wird diese Wertbasis erst recht durch sekundäre Orientierungen, die nicht im entferntesten an sie heranreichen: Lebensstile, Ansichten über sozialen Komfort, ökonomische Konzepte oder kulturelle Optionen. Wertwandelprozesse auf diesem Niveau erreichen den Grundkonsens nicht und können nicht gegen ihn ausgespielt werden. Er ist qualitativ gänzlich anders strukturiert[120].

## *Ein Fazit*

Auf dem Felde öffentlicher Bewußtseinsbildung ackern heißt also: erstens die Geschichtlichkeit unserer

Existenz zu akzeptieren und von daher die Wandlungsoffenheit des Bestehenden sowie die politischen Gestaltungsmöglichkeiten im Hinblick auf Gegenwart und Zukunft zu erhalten; zweitens die Pluralität in Politik und Gesellschaft gegen Homogenitätspostulate zu verteidigen – und mit ihr eine liberale Staatspraxis; und drittens Tatsache, Inhalt und Reichweite unserer wertgebundenen Ordnung ins Bewußtsein zu heben und fundamentalistische Ansprüche zurückzuweisen.

Dabei handelt es sich gewissermaßen um das Koordinatensystem der Politik, um die Rahmenbedingungen der auf Zukunftssicherung abzielenden Detailentscheidungen. Darüber nach der Fülle unserer Erfahrungen immer wieder sprechen zu müssen, gleicht nahezu der Zumutung, stets aufs neue das Rad erfinden zu sollen. Aber wir kennen die Schwierigkeiten unserer politischen Kultur. Politisches Engagement, einmal hervorgerufen, neigt zur Maßlosigkeit. Das ist auch kennzeichnend für den gegenwärtig artikulationsfreudigen Zeitgeist. Kaum hat der Staat die Ausnahmezustandsmentalität aus seinem Rechtssystem verbannt, kehrt sie in die Gesellschaft zurück und beansprucht eigentlich mehr als nur Gehör. Sie beansprucht Herrschaft und Macht. Noch verfängt sich dieser Anspruch in den funktionierenden Institutionen. Das wird hoffentlich so bleiben. Um so erstrebenswerter ist es, den Sinn der Institutionen besser verstanden zu sehen.

Die neuzeitliche Demokratie gründet auf der Idealvorstellung des sich informiert und rational beteiligenden Bürgers. Diese Vorstellung zu realisieren ist erfahrungsgemäß schwer genug. Aber soll es wirklich ein kluger, ja ein moralischer und normativer Rat sein, sie von Grund auf preiszugeben? Diese Frage ist keineswegs rhetorisch, wie ein Blick auf einflußreiche und wirkmächtige Beiträge zur öffentlichen Diskussion lehrt, die uns offenbar in die Stimmungsdemokratie in Reinkultur treiben wollen. Günther Anders rät: „Ängstige deinen Nachbarn wie dich selbst"[121]. Ein unsinniger und unbedeutender, ein empörender und zutiefst inhumaner Rat! Denn er verunsichert Verunsicherte noch zusätzlich, weil er sich jeder weiterführenden Perspektive und jeder vernünftigen Problemlösungsstrategie verweigert.

Kaum anders zu klassifizieren ist auch Franz Alts Appell, uns nicht mehr an der angeblich „zügellos gewordenen Vernunft" zu orientieren. Statt dessen sollten wir „wieder bei unseren Emotionen und Intuitionen in die Schule gehen, um Überlebensphantasie ... zu lernen"[122]. Für die Phantasie mag diese Schule hilfreich sein, fürs Überleben sicher nicht. Alle auf Zukunftssicherung abzielenden politischen Entscheidungen können nur nach vernunftgemäßer Abwägung gefunden werden. Diese a priori unter Verdikt zu nehmen heißt, die intellektuelle Durchdringung der Tatsachen und Herausforderungen zu verweigern, dadurch potentiell Faßbares unfaßbar und unbegreiflich zu lassen und die Menschen wieder dem Unfaßbaren und Unbegreiflichen auszuliefern. Eine derartige Strategie soll hilfreich und human sein?

Zur politischen Rationalität gehört auch das Kalkül des Irrationalen. Natürlich wäre es unvernünftig, die Berechtigung oder die Existenz von Emotionalität in der Politik zu verleugnen. In der Existenz von Gefühlen, Wertüberzeugungen und Ideologien liegt jedoch nicht das Problem. Es liegt vielmehr in dem Glauben an die alleinige Problemlösungsfähigkeit von Engagement und Emotion. Beide verschütten eher die Erkenntnisfähigkeit unseres Verstandes, derer wir bedürfen. Derer wir bedürfen? Wie wir gesehen haben, gibt es gegenteilige Ansichten, vorgetragen von wichtigen Stimmführern in der öffentlichen Diskussion. Also Entfesselung von Intuitionen und Stimmungen statt Einsatz der Verstandeskräfte? Diese Alternative ist ein Witz. Unsere Zeit hat es nicht verdient, durch intellektuelle und verbale Spielereien vor sie gestellt zu werden. Was ist übrigens „zügellos gewordene Vernunft" anders als ein Wortspiel?

Vor großen und intellektuell nicht leicht faßbaren Herausforderungen zu kapitulieren entspricht der Mentalität, der Ratlosigkeit und Erkenntnisunfähigkeit unserer frühneuzeitlichen und noch früheren Vorfahren. Aber gerade seinerzeit war es Ausweis von Intellektualität, durch Einsatz von Vernunft und Verstand das Terrain gesicherter Erkenntnisse zu verbreitern, um eben möglichst wenig auf Stern- und Stimmungsdeutungen angewiesen zu bleiben. Diesem Willen zur intellektuellen Durchdringung der Lebenswelt und ihrer Herausforderungen verdanken wir unseren Fortschritt, nicht nur den technisch-zivilisatorischen, sondern auch den philosophisch-ethischen. Wir verdanken ihm letztlich die Aufklärung.

Auch heute ist der Optimismus erlaubt, die Menschheit verfüge über Verstandeskräfte genug, um nicht ausgeliefert zu sein. Und es scheint dort, wo nicht nur intellektuell gespielt, sondern politisch entschieden und verantwortet wird, das Bewußtsein gewachsen, diese Verstandeskräfte zu mobilisieren und in die Entscheidungsprozesse einzubinden. Professionelle Politik und professioneller Sachverstand gehen seit langem Arm in Arm und suchen Möglichkeiten, sich noch enger zu verschränken, freilich ohne ihre Selbständigkeit und ihre je eigene Funktion aufzugeben.

Darüber hinaus hat die Menschheit auch aus ihren Irrwegen und Katastrophen gelernt, allem Anschein nach sogar künftig mögliche Fehlentwicklungen antizipiert und verfeinerte politisch-ethische Maßstäbe herausgebildet. Daß diese Entwicklung an Politik und Politikern vorübergegangen sei, ist eine beliebte, gleichwohl falsche Unterstellung. Gewissen bindet sich nicht nur an eine bestimmte Qualität des Bewußtseins, wie viele meinen, die für sich die Werte reklamieren und der Politik die Formalien zuschieben, während sie in Wirklichkeit doch in gleicher Weise in den gemeinsamen grundlegenden Werthorizont eingebunden sind. Auch von daher ist politische Rationalität nicht zügellos, sondern ethisch gebunden.

Die emotionalen Appelle übersehen dies. Sie richten sich gegen die positiven Dimensionen des Fortschritts. Sie liefern wieder an das Unfaßliche aus. Die Aufklärung war ein Appell an das freie, vernunft- und verstandesbegabte Individuum, nicht an kollektive Gemütsbewegungen. Gegen die Irrwege der Stimmungsdemokratie gilt es, diese Tradition der Aufklärung zu bewahren.

## *Anmerkungen zu „Stimmungsdemokratie“*

1 Frankfurter Allgemeine Magazin v. 24. 7. 1978, S. 32.
2 Hermann Lübbe, Politischer Moralismus, der Triumph der Gesinnung über die Urteilskraft, Berlin 1987, S. 101.
3 Vgl. Walter Laqueur, Die deutsche Jugendbewegung, Köln 1987.
4 Hermann Lübbe, a. a. O., S. 103.
5 Dieser Brief vom 21. 7. 1966 ist jetzt publiziert bei Rainer Barzel, Im Streit und umstritten, Frankfurt/Berlin 1986, S. 221.
6 Vgl. die beiden Bücher von Kurt Sontheimer: Das Elend unserer Intellektuellen, Hamburg 1976, und: Zeitenwende? Die Bundesrepublik Deutschland zwischen alter und alternativer Politik, Hamburg 1983.
7 Theodor Eschenburg, Interview mit dem Südwestfunk am 28. 10. 1984, zit. n. d. Kommentarübersicht des BPA.
8 Barschel: Warum ging Barzel nicht direkt zu Flick? in: Die Welt vom 3. 11. 1984.
9. Zit. n. Hasso von Recum, Wertwandel im sozial-kulturellen Bereich, in: BLZ-Report (= Beilage zur Bayerischen Staatszeitung) Nr. 6/87, S. 9.

## *Anmerkungen zu „Angst, Moral, Heilslehren“*

10 Bayerisches Staatsministerium für Landesentwicklung und Umweltfragen, Informationen über und nach Tschernobyl, München 1986, S. 5.
11 Vgl. Bilanz des Kälbersterbens nach zweierlei Methoden, in: SZ vom 25. 3. 1987, und: Schwache Stellen einer Arche Noah, in: SZ vom 30. 3. 1987.
12 Theo Sommer in: Bürger und res publica — die Zukunft der Verantwortung (= Bergedorfer Gesprächskreis Protokoll Nr. 80), Hamburg 1986, S. 68.
13 „Kein aktives Erdbebengebiet“, in: SZ vom 25. 3. 1987.
14 Mehr Mongolismus nach Tschernobyl? In: FAZ vom 11. 4. 1987.
15 Ebd.
16 Molkepulver auf dem Privatweg, in: SZ vom 5. 2. 1987.
17 Sankt Florian und die Molke, in: SZ vom 12. 8. 1987.
18 Atomindustrie zu Molke-Problem: Politiker von Hysteriewelle erfaßt, in SZ vom 14./15. 2. 1987.
19 Roswin Finkenzeller, Schwarze Wolken sieht man, aber keine schwarzen Blätter. Eine herbeigeredete Umweltkatastrophe im Oberbayrischen, in: FAZ vom 26. 6. 1987.
20 Angst vor den Russen?, in: Der Stern vom 20. 2. 1987, S. 34.
21 In der Ödnis kurzdenkender Politiker (= Leserbrief), in: SZ vom 15. 7. 1987.
22 Ebd.
23 Walter Laqueur, Was ist los mit den Deutschen?, Frankfurt/Berlin 1985, S. 12.

24 Von den zahlreichen Studien wird hier nur auf eine der verläßlichsten rekurriert: Sinus-Institut, Die verunsicherte Generation. Jugend und Wertwandel, Opladen 1983, S. 41.

25 Odo Marquard, Zeitalter der Weltfremdheit?, in: ders., Apologie des Zufälligen, Stuttgart 1986, bes. S. 82 ff.

26 Ebd., S. 91.

27 Ebd., S. 89.

28 Vgl. zum Folgenden: Wilhelm Vossenkuhl, Die moralische Kritik der Politik und die politische Moral, in: Hirschberg 11/1986, S. 370-376.

29 Hermann Lübbe, Politischer Moralismus. Der Triumph der Gesinnung über die Urteilskraft, Berlin 1987, S. 102 ff.

30 Ebd., S. 81 ff.

31 Ebd., S. 90 f.

32 Ein Bischof geht auf Distanz, in: SZ vom 17. 3. 1987.

33 Kurt Sontheimer, Zeitenwende, a. a. O., S. 237; zum „Vormarsch" der Gesinnungspolitik, ebd., S. 241 ff.

34 Franz Alt, Frieden ist möglich. Die Politik der Bergpredigt, München 1983, S. 20.

35 Siehe die glänzende Widerlegung von Manfred Hättich, Weltfrieden durch Friedfertigkeit?, München 1983.

36 Franz Alt, a. a. O., S. 86.

37 Christian Graf von Krockow, Parlamentarische Mehrheitsdemokratie, in: Beilage zu Das Parlament B 5/1984, S. 41 f.

38 Erwin K. Scheuch, Wertewandel in der Gesellschaft, in: Sonde, 19. Jg. (1986), S. 25 ff.

## *Anmerkungen zu „Gefühl statt Politik?"*

39 Richard Sennet, Verfall und Ende des öffentlichen Lebens. Die Tyrannei der Intimität, Frankfurt 1983.

40 Vgl. Hans Joachim Veen, Lebensperspektiven, Arbeitsorientierungen und politische Kultur Jugendlicher in der Mitte der 80er Jahre, in: Rüdiger von Voss/Karl Friedrich (Hrsg.), Die Jungwähler. Was sie denken und wie sie entscheiden, Stuttgart 1986, S. 35—73. Siehe auch Klaus Allerbeck/Wendy Hoag, Jugend ohne Zukunft? Einstellungen, Umwelt, Lebensperspektiven, München 1985.

41 Ronald Inglehart, The silent revolution, Princeton 1977.

42 SINUS-Institut, Die verunsicherte Generation. Jugend und Wertwandel, Opladen 1983, S. 16. Ganz ähnlich die Kritik an Inglehart in den Arbeiten von Klages und schon am Ansatz jetzt bei Oscar W. Gabriel, Politische Kultur, Postmaterialismus und Materialismus in der Bundesrepublik Deutschland, Opladen 1986, bes. S. 328 ff.

43 Helmut Klages/Willi Herbert, Wertorientierung und Staatsbezug, Frankfurt/New York 1983, S. 118.

[44] Wilhelm Bürklin, Neue Werte — eine Herausforderung für das politische System?, in: Heinrich Oberreuter (Hrsg.), Wahrheit statt Mehrheit? An den Grenzen der parlamentarischen Demokratie, München 1986, S. 86.

[45] Helmut Klages, Wertorientierungen im Wandel, Frankfurt/New York 1984.

[46] Elisabeth Noelle-Neumann/Renate Köcher, Die verletzte Nation, Stuttgart 1987, S. 290 ff.

[47] „Wir lassen sie nicht zur Ruhe kommen." West-Berliner AL-Politiker über Gewalt und die Doppelrolle der „Alternativen Liste" im Parlament, in: Der Spiegel 31/1981, S. 51.

[48] Josef Isensee, Der verspätete Widerstandskampf, in: Die neue Ordnung 2/1983, S. 84

[49] Helmut Klages, Wertwandel in der Bundesrepublik. Ideologie und Realität, in: Theo Waigel/Peter Eisenmann (Hrsg.), Wertwandel in Staat und Gesellschaft, München 1986, S. 23.

[50] Helmut Klages, Wertorientierungen, a. a. O., S. 56.

[51] Siehe dazu Hermann Rudolph, Die Herausforderung der Politik, Stuttgart 1985, S. 44 ff.

[52] Arthur Fischer u. a., Jugendliche + Erwachsene '85, Generationen im Vergleich, hrsg. vom Jugendwerk der Deutschen Shell, Leverkusen und Hamburg 1985, Bd. 3, S. 363 ff.

[53] Sämtliche Zitate aus Bernd Guggenberger, Die neue Macht der Minderheit, in: B. Guggenberger/C. Offe (Hsrg.), An den Grenzen der Mehrheitsdemokratie, Opladen 1984, S. 218, 216, 209.

[54] Karl Dietrich Bracher, Zeit der Ideologien, Stuttgart 1982, S. 15.

## *Anmerkungen zu „Mißtrauen gegen die Institutionen"*

[55] Vgl. etwa Bernd Guggenberger, An den Grenzen der Mehrheitsdemokratie, in: FAZ vom 30. 10. 1982. Der Beitrag ist inzwischen nachgedruckt in: B. Guggenberger/C. Offe (Hrsg.), An den Grenzen der Mehrheitsdemokratie, Opladen 1984, S. 184—195; Gegenpositionen in: Hans Hattenhauer/Werner Kaltefleiter (Hrsg.), Mehrheitsprinzip, Konsens und Verfassung, Heidelberg 1966, und Heinrich Oberreuter (Hrsg.), Wahrheit statt Mehrheit? An den Grenzen der parlamentarischen Demokratie, München 1986.

[56] Dazu Hans-Joachim Veen, Die neue Spontaneität — Empirische Ergebnisse zur Erosion des institutionellen Bewußtseins bei Jüngeren, in: Heinrich Oberreuter (Hrsg.), Wahrheit statt Mehrheit?, a. a. O., S. 105—123.

[57] Vgl. dazu Arthur Fischer u. a., Jugendliche + Erwachsene '85, a. a. O., Bd. 3, S. 360 ff.

[58] Vgl. etwa Max Kaase, Partizipatorische Revolution — Ende der Parteien?, in: Joachim Raschke (Hrsg.), Bürger und Parteien, Opladen 1982, S. 173—189.

[59] Wolf-Dieter Hasenclever, Die Grünen im Landtag von Baden-Württemberg, in: Jörg Mettke (Hrsg.), Die Grünen, Regierungspartner von morgen?, Hamburg 1982, S. 111.

[60] Heinrich Oberreuter, Mehrheiten und Minderheiten in der parlamentarischen Demokratie, in: ders. (Hrsg.), Wahrheit statt Mehrheit?, a. a. O., S. 67—84.

[61] Elisabeth Noelle-Neumann/Edgar Piel (Hrsg.), Allensbacher Jahrbuch der Demoskopie 1978—83, München 1983, S. 534.

[62] E. Noelle-Neumann/E. Ring, Das Extremismus-Potential unter jungen Leuten in der Bundesrepublik Deutschland 1984, Bonn 1984, S. 80.

[63] So Hans-Joachim Veen, a. a. O., S. 117.

[64] Bernd Guggenberger, a. a. O., S. 191.

[65] Othmar Spann, Der wahre Staat. Vorlesungen über Abbruch und Neubau der Gesellschaft, Leipzig 1921, S. 108.

[66] Bernd Guggenberger, a. a. O., S. 193.

[67] Carl Schmitt, Politische Theologie. Vier Kapitel zur Lehre von der Souveränität, München und Leipzig 1934, S. 11.

[68] Vgl. etwa: „Wir lassen sie nicht zur Ruhe kommen." West-Berliner AL-Politiker über Gewalt und Doppelrolle der „Alternativen Liste" im Parlament, in: Der Spiegel 31/1981, S. 55.

[69] So die Definition von „Gewaltfreiheit" bei Jörg Westerhoff, Gewaltfrei, in: Hans-Werner Lüdke/Olaf Dinné (Hrsg.), Die Grünen, Stuttgart 1980, S. 100—103.

[70] Vgl. Gerhard Göhler (Hrsg.), Grundfragen der Theorie politischer Institutionen. Forschungsstand — Probleme — Perspektiven, Opladen 1987.

[71] So Paul Sethe: Ein Parlament im Geheimen, in: Die Zeit, 29. Okt. 1965, S. 5.

[72] Vgl. Helmuth Schelsky (Hrsg.), Zur Theorie der Institution, Düsseldorf 1973[2].

[73] Bronislaw Malinowski, Eine wissenschaftliche Theorie der Kultur und andere Aufsätze, dt, Frankfurt 1975.

[74] Vgl. Maurice Hauriou, Die Theorie der Institution und zwei andere Aufsätze, mit Einleitung und Bibliographie hrsg. v. Roman Schnur, Berlin 1975.

[75] Nevil Johnson, The Place of Institutions in the Study of Politics, in: Political Studies vol. XXIII, n. 2/3 (1975), S. 149—161.

[76] Martin Kriele, Die Rechtfertigungsmodelle des Widerstandes, in: Aus Politik und Zeitgeschichte, Beilage zu Das Parlament B 39/83 vom 1. 10. 1983, S. 23.

[77] Bernd Guggenberger, Die „vergessenen Institutionen", in: Die „vergessenen" Institutionen. Eine Analyse der Institutionen im parlamentarischen Regierungssystem der Bundesrepublik Deutschland, Melle 1979, S. 45.

## *Anmerkungen zu „Auf dem Weg in die Mediendemokratie?"*

78 Vgl. Wolf Häfele, in: Bürger und res publica — die Zukunft der Verantwortung (= Bergedorfer Gesprächskreis, Protokoll Nr. 80), Hamburg 1986, S. 60.

79 Richard Burt, Die Vereinigten Staaten und die Bundesrepublik Deutschland: Moderne Gesellschaften und ihre Herausforderungen, Ansprache vor dem Tönissteiner Kreis am 18. 1. 1987, S. 21.

80 Neil Postman, Wir amüsieren uns zu Tode, Frankfurt 1985, S. 106.

81 Ebd., S. 110.

82 Ebd., S. 122.

83 Roger-Gérard Schwartzenberg, Politik als Showgeschäft, Düsseldorf-Wien 1980. „No sense of place", sagt J. Meyrowitz dem Fernsehen nach. Es hat durch die Suggestion des „überall dabei" gleichsam unsere Wahrnehmung der Realität verrückt. Es hat auch die politischen Helden vom Sockel gestoßen und die Autoritäten verändert. Vgl. jetzt die deutsche Übersetzung: Joshua Meyrowitz, Die Fernsehgesellschaft. Wirklichkeit und Identität im Medienzeitalter, Weinheim und Basel 1987, bes. S. 181 ff.

84 Zu den Daten siehe Wolfgang Draschin/Bernward Frank, Tendenzen im Zuschauerverhalten. Fernsehgewohnheiten und Fernsehreichweiten im Jahre 1986, in: Media Perspektiven, (1987) 4, S. 206 f.

85 Renate Ehlers, Themenstrukturierung durch Massenmedien, in: Publizistik, 28 (1983), S. 167—186.

86 W. Draschin/B. Frank, a. a. O., S. 197.

87 Heinz Bonfadelli u. a., Jugend und Medien, Frankfurt 1986, S. 59.

88 H. Klages/W. Herbert, Wertorientierung und Staatsbezug, a. a. O., S. 123.

89 St. H. Chaffee/L. S. Ward/L. P. Tipton, Mass Communication and Political Socialisation, in: Journalism Quarterly, 47 (1970), S. 647—659, hier zitiert nach dem Abdruck in M. Janowitz/P. Hirsch (Hrsg.), Reader in Public Opinion and Mass Communication, New York-London 1981[3], S. 74—88.

90 H. Bonfadelli, Die Sozialisationsperspektive in der Massenkommunikationsforschung, Berlin 1981, S. 345.

91 Werner J. Patzelt, Wie man Politik erfährt: Jugendliche und ihre Nutzung politischer Informationsquellen, MS für Publizistik, Sonderheft 1988: Sozialisation durch Massenmedien, S. 42.

92 H. Bonfadelli, Sozialisationsperspektive, a. a. O., S. 344 f.

93 H. Bonfadelli u. a., Jugend und Medien, a. a. O., S. 144, 147.

94 Ebd., S. 160 f.

95 Marie-Luise Kiefer, Massenkommunikation 1964—1985. Trendanalyse zur Mediennutzung und Medienbewertung, in: Media Perspektiven, 3 (1987), S. 145.

96 Ebd., S. 142.

97 Wolfgang Draschin/Bernward Frank, Tendenzen im Zuschauerverhalten. Ergebnisse der kontinuierlichen Zuschauerforschung für das Jahr 1984, in: Media Perspektiven, (1985) 4, S. 245—256; vgl. dazu auch: Jahrbuch der Öffentlichen Meinung 1978/83, hrsg. von Elisabeth Noelle-Neumann, Allensbach 1984, S. 537—555. Zur Suggestion: Winfried Schulz, Wirkungsqualitäten verschiedener Medien, in: Rundfunk und Fernsehen, (1975) 1, S. 57—71, insb. S. 68; Erich Strasser, Fernsehnachrichten. Zusammenfassender Bericht über zwei DFG-Projekte, in: Media Perspektiven, (1981) 6, S. 446—460.

98 Wolfgang Bergsdorf, Legitimität aus der Röhre, in: Publizistik, 28 (1983), S. 40—45, hier S. 42.

99 Ebd., S. 43.

100 Eine pointierte Zusammenfassung bei Heinrich Oberreuter, Übermacht der Medien, Zürich 1982, S. 60 ff.

101 R.-G. Schwartzenberg, a. a. O., S. 163.

102 Dazu Gerhard Schmidtchen, Medien und Wertwandel, in: Theo Waigel/Peter Eisenmann (Hrsg.), Wertwandel in Staat und Gesellschaft. Berichte und Studien der Hanns-Seidel-Stiftung, Bd. 34, München 1986, S. 32—38.

103 Otto B. Roegele, Massenmedien und Regierbarkeit, in: W. Hennis, P. Graf Kielmansegg, U. Matz (Hrsg.), Regierbarkeit, Bd. 2, Stuttgart 1979, S. 177—210. Vgl. dazu auch Elisabeth Noelle-Neumann, Die Schweigespirale. Öffentliche Meinung — unsere Soziale Haut, München 1980.

104 H. Klages/W. Herbert, a. a. O., S. 31.

105 Franz Ronneberger, Das Syndrom der Unregierbarkeit und die Macht der Medien, in: Publizistik, 28 (1983), S. 487—511.

106 Ebd., S. 501.

107 Vgl. etwa Franz Wördemann, Terrorismus, München 1977, S. 138 ff. Vgl. auch die bemerkenswerte Medienkritik von Sabina Litzmann, Das Drama. Geiseln des Bildschirms, in: FAZ vom 8. 7. 1985.

108 Im folgenden greife ich Gedanken aus meiner in dieser Reihe erschienenen Schrift „Übermacht der Medien“ (1982) wieder auf.

109 Wolfgang Bergsdorf, Herrschaft und Sprache, Pfullingen 1983.

110 Franz Kreuzer, Die Politik als Kopfsalat, in: SZ vom 19. 1. 1987, S. 15.

111 Vgl. zur sommerlichen Kommunikationsstrategie 1987: Schein oder Wirklichkeit, in: FAZ vom 8. 8. 1987, S. 10.

112 Diesen Gedanken hat jüngst auch aufgegriffen: Rudolf Wassermann, Die Zuschauerdemokratie, Düsseldorf 1986.

## *Anmerkungen zu „Was tun?“*

113 Jean Delumeaux, La peur en occident, Paris 1978.

114 Karl d'Ester, Zeitungswesen, Breslau 1928, S. 20.

115 Kurt Sontheimer, Zeitenwende, a. a. O., S. 44 ff.

116 Ebd., S. 44.

117 Ebd.

118 So die Forderung von Bernd Guggenberger/Claus Offe, Politik aus der Basis — Herausforderungen der parlamentarischen Mehrheitsdemokratie, in: dies. (Hrsg.), An den Grenzen der Mehrheitsdemokratie, a. a. O., S. 17 f.

119 Bernd Guggenberger, Die neue Macht der Minderheit, in: Guggenberger/Offe, a. a. O., S. 218.

120 Vgl. dazu ausführlicher: Heinrich Oberreuter, Fundamentalismus oder Fundamentalkonsens?, in: Akademie für Politische Bildung/Manfred Hättich (Hrsg.), Zum Staatsverständnis der Gegenwart, München 1987, S. 19—36.

121 Zit. n. Franz Alt, a. a. O., S. 92.

122 Ebd., S. 41. Alt vergißt an dieser Stelle nicht, ausdrücklich gegen das Denken zu polemisieren.

# TEXTE + THESEN

## LIEFERBARE TITEL

### Politik

Fromme, Friedrich K.
**Der Parlamentarier — ein Freier Beruf?**
ISBN 3-7201-5103-4 12,-

Gysling, Erich
**Arabiens Uhren gehen anders**
Eigendynamik und Weltpolitik in Nahost
ISBN 3-7201-5149-2 14,-

Heck, Bruno
**Vaterland Bundesrepublik?**
ISBN 3-7201-5174-3 14,-

Hellmer, Joachim
**Anpassung oder Widerstand?**
Der Bürger als Souverän —
Grenzen staatlicher Disziplinierung
ISBN 3-7201-5201-4 14,-

Hillgruber, A./Hildebrand, K.
**Kalkül zwischen Macht und Ideologie**
Der Hitler-Stalin-Pakt:
Parallelen bis heute?
ISBN 3-7201-5125-5 12,-

Höpker, Wolfgang
**Aktionsfeld Pazifik**
Politik, Wirtschaft, Strategie
ISBN 3-7201-5112-3 12,-

Höpker, Wolfgang
**Sozialistische Internationale**
Aufschluß über eine unbekannte Größe
ISBN 3-7201-5148-4 14,-

Kirsch, Botho
**Kalter Friede — was nun?**
Die Konfliktstrategie der Sowjets
ISBN 3-7729-5053-1 9,-

Kirsch, Botho
**Westdrall — Ostdrift**
Wie selbständig darf deutsche Politik sein?
ISBN 3-7201-5184-0 14,-

Kisielewski, Stefan
**Polen — oder die Herrschaft der Dilettanten**
Sozialismus und Wirtschaftspraxis
ISBN 3-7201-5111-5 12,-

Langguth, Gerd
**Der grüne Faktor**
Von der Bewegung zur Partei?
ISBN 3-7201-5169 -7 14,-

Laufer, Heinz
**Bürokratisierte Demokratie**
ISBN 3-7201-5157-3 14,-

Lendvai, Paul
**Das einsame Albanien**
Reportage aus dem Land der Skipetaren
ISBN 3-7201-5177-8 14,-

Lendvai, Paul
**Das eigenwillige Ungarn**
Innenansichten eines Grenzgängers
ISBN 3-7201-5195-6 14,-

Lobkowicz, Nikolaus
**Marxismus und Machtergreifung**
Der kommunistische Weg zur Herrschaft
ISBN 3-7201-5101-8 12,-

Meissner, Boris
**Sowjetische Kurskorrekturen**
Breshnew und seine Erben
ISBN 3-7201-5168-9 14,-

Oberreuter, Heinrich
**Kann der Parlamentarismus überleben?**
Bund, Länder, Europa
ISBN 3-7201-5093-3 9,-

Oberreuter, Heinrich
**Übermacht der Medien**
Erstickt die demokratische Kommunikation?
ISBN 3-7201-5144-1 14,-

Oberreuter, Heinrich
**Parteien — zwischen Nestwärme und Funktionskälte**
ISBN 3-7201-5165-4 14,-

Oberreuter, Heinrich
**Stimmungsdemokratie**
Strömungen im politischen Bewußtsein
ISBN 3-7201-5205-7 14,-

Ortlieb, H.-D./Lösch, D.
**Was wird aus Südafrika?**
Ein Subkontinent sucht den lenkbaren Wandel
ISBN 3-7201-5187-5 14,-

Pauls, Rolf F.
**Rettet uns die Rüstungspolitik?**
Sicherheit am Ende eines unsicheren Jahrhunderts
ISBN 3-7201-5152-2 14,-

Roegele, Otto B.
**Medienpolitik — und wie man sie macht**
ISBN 3-7729-5040-X 9,-

Rühle, Hans
**Angriff auf die Volksseele**
Über Pazifismus zum Weltfrieden?
ISBN 3-7201-5175-1 14,-

Rüthers, Bernd
**Grauzone Arbeitsrechtspolitik**
ISBN 3-7201-5190-5 14,-

Rüthers, Bernd
**Wir denken die Rechtsbegriffe um . . .**
Weltanschauung als Auslegungsprinzip
ISBN 3-7201-5199-9 14,-

Scheuch, Ute und Erwin K.
**China und Indien**
Eine soziologische Landvermessung
ISBN 3-7201-5196-4 14,-

Schlosser, Günter
**Briefe vom Kap**
Ein Deutscher über seine Wahlheimat Südafrika
ISBN 3-7201-5193-X 14,-

Sontheimer, Kurt
**Der unbehagliche Bürger**
Vom deutschen Umgang mit der Demokratie
ISBN 3-7201-5122-0 12,-

Ströbinger, Rudolf
**Roter Kolonialismus**
Minderheiten im Ostblock
ISBN 3-7201-5131-X 12,-

Ströbinger, Rudolf
**Poker um Prag**
Die frühen Folgen von Jalta
ISBN 3-7201-5181-6 14,-

Veen/Meissner/Domes/Kux/Mertes
**Wandel im Kommunismus**
ISBN 3-7201-5114-X 12,-

Weidenfeld, Werner
**Ratlose Normalität**
Die Deutschen auf der Suche nach sich selbst
ISBN 3-7201-5172-7 14,-

Wingen, Max
**Kinder in der Industriegesellschaft — wozu?**
Analysen — Perspektiven — Kurskorrekturen
ISBN 3-7201-5146-8 14,-

Zimmermann, Ekkart
**Massen-Mobilisierung**
Protest als politische Gewalt
ISBN 3-7201-5163-8 14,-

Zöller, Michael, Hrsg.
**Aufklärung heute**
Bedingungen unserer Freiheit
ISBN 3-7201-5126-3 12,-

## Wirtschaft

Andreae, Clemens-August
**Vom Boß zum Partner**
ISBN 3-7201-5154-9 14,-

Huppert, Walter
**Sozialpolitik — Stolz der Nation**
Bedenkliche Folgen des Wohlfahrtsstaates
ISBN 3-7201-5145-X 12,-

Jenny, Hans
**Das neue Afrika**
Kontinent im Umbruch
ISBN 3-7201-5127-1 12,-

Jungblut, Michael
**Je mehr er hat, je mehr er will . . .**
Über soziale und
wirtschaftliche Machbarkeiten
ISBN 3-7201-5133-6 14,-

Kirsch, Botho
**Zwischen Marx und Murks**
So wirtschaftet der Osten
ISBN 3-7201-5123-9 14,-

Obst, Werner
**Reiz der Idee — Pleite der Praxis**
Ein deutsch-deutscher Wirtschaftsvergleich
ISBN 3-7201-5158-1 14,-

Pentzlin, Heinz
**Arbeitslos — Los der Zukunft?**
ISBN 3-7201-5085-2 9,-

Rüthers, Bernd
**Die offene ArbeitsGesellschaft**
Regeln für soziale Beweglichkeit
ISBN 3-7201-5186-7 14,-

Schoeck, Helmut
**Ist Leistung unanständig?**
ISBN 3-7729-5013-2 9,-

Theobald, Adolf
**Das Ökosozialprodukt**
Lebensqualität als Volkseinkommen
ISBN 3-7201-5185-9 14,-

Zeller, Willy
**Die unvollendete Union**
Qualitätsmängel der Europäischen Gemeinschaft
ISBN 3-7201-5092-5 9,-

## Gesellschaft

Burens, Peter-Claus
**Stifter als Anstifter**
Vom Nutzen privater Initiativen
ISBN 3-7201-5200-6 14,-

Fisch, Mascha M.
**Zwischen Abenteuer und Frust**
Frauen in ungewöhnlichen Berufen
ISBN 3-7201-5173-5 14,-

Grupe, Ommo
**Sport als Kultur**
ISBN 3-7201-5198-0 14,-

Haag, Herbert
**Bewegungskultur und Freizeit**
Vom Grundbedürfnis nach Sport und Spiel
ISBN 3-7201-5188-3 14,-

Helbling, Hanno, Hrsg.
**Religionsfreiheit im 20. Jahrhundert**
ISBN 3-7201-5094-1 9,-

Hellmer, Joachim
**Verdirbt die Gesellschaft?**
Kriminalität als
zwischenmenschliches Verhalten
ISBN 3-7201-5132-8 14,-

Höfer, Max A.
**Zwischen Lustprinzip und Ökoaskese**
Aufbruch in eine konservative Neuzeit?
ISBN 3-7201-5203-0 14,-

Höhler, Gertrud
**Gesinnungskonkurrenz der Intellektuellen**
ISBN 3-7201-5106-9 12,-

Hölder, Egon
**Durchblick ohne Einblick**
Die amtliche Statistik zwischen Datennot
und Datenschutz
ISBN 3-7201-5179-4 14,-

Hofstätter, Peter R.
**Bedingungen der Zufriedenheit**
ISBN 3-7201-5192-1 14,-

Klose, Werner
**Stafetten-Wechsel**
Fünf Generationen formen unsere Welt
ISBN 3-7201-5160-3 14,-

Lehr, Ursula
**Ist Frauenarbeit schädlich?**
Im Spannungsfeld von Familie und Beruf
ISBN 3-7201-5116-6 12,-

Lenk, Hans
**Eigenleistung**
Plädoyer für eine positive Leistungskultur
ISBN 3-7201-5164-6 14,-

Lenk, Hans
**Die achte Kunst**
Leistungssport — Breitensport
ISBN 3-7201-5176-X 14,-

Leuenberger, Theodor
**Lebenskonzepte: Brauchen wir veränderte Leitbilder?**
ISBN 3-7201-5139-5 12,-

Lindner, Roland, Hrsg.
**Verspielen wir die Zukunft?**
Gespräche über Technik und Glück
ISBN 3-7201-5150-6 14,-

Lobkowicz, N./Hertz, A.
**Am Ende aller Religion?**
Ein Streitgespräch
ISBN 3-7201-5077-1 9,-

Lübbe, Hermann
**Zwischen Trend und Tradition**
Überfordert uns die Gegenwart?
ISBN 3-7201-5136-0 14,-

Maier, Hans
**Die Grundrechte des Menschen im modernen Staat**
ISBN 3-7729-5036 -1 9,-

Mast, Claudia
**Aufbruch ins Paradies?**
Die Alternativbewegung und ihre Fragen
an die Gesellschaft
ISBN 3-7201-5124-7 12,-

Mast, Claudia
**Zwischen Knopf und Kabel**
Kommunikationstechnik für Wirtschaft
und Feierabend
ISBN 3-7201-5161-1 14,-

Meier-Bergfeld, Peter
**Staats(ver)diener**
Der öffentliche Dienst
ISBN 3-7201-5166-2 14,-

Meves, Christa
**Werden wir ein Volk von Neurotikern?**
Antrieb — Charakter — Erziehung
ISBN 3-7201-5081-X 14,-

Noelle-Neumann, Elisabeth
**Werden wir alle Proletarier?**
Wertewandel in unserer Gesellschaft
ISBN 3-7201-5102-6 12,-

Noelle-Neumann, Elisabeth
**Eine demoskopische Deutschstunde**
ISBN 3-7201-5155-7 14,-

Noelle-Neumann, Elisabeth/
Maier-Leibnitz, Heinz
**Zweifel am Verstand**
Das Irrationale als die neue Moral
ISBN 3-7201-5202-2 14,-

Piel, Edgar
**Im Geflecht der kleinen Netze**
Vom deutschen Rückzug ins Private
ISBN 3-7201-5197-2 14,-

Pourroy, Gustav Adolf
**Das Prinzip Intrige**
Über die gesellschaftliche Funktion eines Übels
ISBN 3-7201-5194-8 14,-

Roegele, Otto B.
**Was wird aus dem gedruckten Wort?**
Vom Lesen als Bürgerpflicht
ISBN 3-7201-5099-2 9,-

Roegele, Otto B.
**Neugier als Laster und Tugend**
ISBN 3-7201-5142-5 14,-

Schmitz-Moormann, Karl
**Menschenwürde**
Anspruch und Wirklichkeit
ISBN 3-7201-5117-4 12,-

Silbermann, Alphons
**Der ungeliebte Jude**
Zur Soziologie des Antisemitismus
ISBN 3-7201-5134-4 12,-

Silbermann, Alphons
**Was ist jüdischer Geist?**
Zur Identität der Juden
ISBN 3-7201-5167-0 14,-

Spann, Wolfgang
**Justitia und die Ärzte**
Leben, Gesundheit und Gesetz
ISBN 3-7201-5115-8 12,-

Usbeck, Ilse
**Studenten-Muffel**
Ratschläge für den Umgang mit einer
traurigen Generation
ISBN 3-7201-5153-0 14,-

Wilhelm, Theodor
**Die Rede vom Partner**
Über soziale Einstellungen der Zukunft
ISBN 3-7201-5129-8 12,-

Wingen, Max
**Nichteheliche Lebensgemeinschaften**
Formen — Motive — Folgen
ISBN 3-7201-5171-9 14,-

Wulffen, Barbara von
**Zwischen Glück und Getto**
Familie im Widerspruch zum Zeitgeist?
ISBN 3-7201-5128-X 14,-

## Kultur/Bildung

Betz, Werner
**Verändert Sprache die Welt?**
Semantik, Politik und Manipulation
ISBN 3-7201-5097-6 9,-

Claus, Jürgen
**Umweltkunst**
Aufbruch in neue Wirklichkeiten
ISBN 3-7201-5151-4 14,-

Claus, Jürgen
**Das elektronische Bauhaus**
Gestaltung mit Umwelt
ISBN 3-7201-5204-9 14,-

Maier, Hans
**Sprache und Politik**
Essay über aktuelle Tendenzen —
Briefdialog mit Heinrich Böll
ISBN 3-7201-5080-1 9,-

Mensing, Wilhelm
**Maulwürfe im Kulturbeet**
DKP-Einfluß in Presse, Literatur und Kunst
ISBN 3-7201-5156-5 14,-

Nipperdey, Thomas, Hrsg.
**Hochschulen zwischen Politik und Wahrheit**
Sind die Reformen zu verkraften?
ISBN 3-7201-5140-9 12,-

Roellecke, Gerd
**Wird das Falsche falsch studiert?**
Vom Hintersinn der Studienreform
ISBN 3-7201-5118-2 12,-

Ross, Werner
**Mit der linken Hand geschrieben . . .**
Der deutsche Literaturbetrieb
ISBN 3-7201-5170-0 14,-

Rüegg, Walter, Hrsg.
**Konkurrenz der Kopfarbeiter**
Universitäten können besser sein:
Ein internationaler Vergleich
ISBN 3-7201-5182-4 14,-

Schmitt, Hatto H.
**Vademecum für empörte Eltern**
Absurdes aus der Schulpolitik
ISBN 3-7201-5096-8 9,-

Seel, Wolfgang
**Das anstrengende Vorbild**
Japan — vom Kindergarten
bis zur Industrieforschung
ISBN 3-7201-5159-X 14,-

Seel, Wolfgang
**Bildungs-Egoismus**
Alle wollen mehr
ISBN 3-7201-5180-8 14,-

## Natur/Umwelt

Eberlein, Gerald L.
**Maximierung der Erkenntnisse ohne sozialen Sinn?**
Für eine wertbewußte Wissenschaft
ISBN 3-7201-5206-5 14,-

Hammer, Felix
**Selbstzensur für Forscher?**
Schwerpunkte einer Wissenschaftsethik
ISBN 3-7201-5162-X 14,-

Illies, Joachim
**Nicht Tier, nicht Engel**
Der Mensch zwischen Natur und Kultur
ISBN 3-7201-5059-3 9,-

Illies, Joachim
**Der Mensch in der Schöpfung**
Ein Naturwissenschaftler liest die Bibel
ISBN 3-7201-5088-7 9,-

Illies, Joachim
**Schöpfung oder Evolution**
Ein Naturwissenschaftler
zur Menschwerdung
ISBN 3-7201-5121-2 12,-

Illies, Joachim
**Theologie der Sexualität**
Die zweifache Herkunft der Liebe
ISBN 3-7201-5135-2 14,-

Langguth, Susanne
**Food und Fakten**
Wie sicher sind unsere Lebensmittel?
ISBN 3-7201-5189-1 14,-

Maier-Leibnitz, Heinz
**An der Grenze zum Neuen**
Rollenverteilung zwischen Forschern und
Politikern in der Gesellschaft
ISBN 3-7201-5090-9 9,-

Maier-Leibnitz, Heinz
**Der geteilte Plato**
Ein Atomphysiker zum Streit
um den Fortschritt
ISBN 3-7201-5138-7 14,-

Maier-Leibnitz, Heinz
**Lernschock Tschernobyl**
ISBN 3-7201-5191-3 14,-

Mayrhofer, Franz
**Warum sind alle unzufrieden?**
Massenmensch und Gleichgewicht
ISBN 3-7201-5130-1 12,-

Wulffen, Barbara von
**Lichtwende**
Vorsorglicher Nachruf auf die Natur
ISBN 3-7201-5178-6 14,-

*Die Reihe wird fortgesetzt. Fordern Sie Informationsmaterial an.*

Verlag A. Fromm, Postfach 19 48, D—4500 Osnabrück
Edition Interfrom, Postfach 50 05, CH—8022 Zürich